Rathjen · Der koloniale Blick

Friedhelm Rathjen

Der koloniale Blick

Vier Studien zu Arno Schmidt im Spannungsfeld zwischen Seßhaftigkeit und Fremde

2017

Die hier versammelten Studien wurden folgenden Bänden entnommen:

Friedhelm Rathjen: *Textarbeit, Textvergnügen. Einzeltextstudien zu Arno Schmidt* (Edition ReJoyce, Bd. 24)

Friedhelm Rathjen: *Bargfeld Transfer. Studien zu Arno Schmidt als Übersetzer und Transformator* (Edition ReJoyce, Bd. 30)

Friedhelm Rathjen: *Immerfort mitlebend. Arno Schmidt und die deutsche Literatur des 20. Jahrhunderts* (Edition ReJoyce, Bd. 39)

Friedhelm Rathjen: *Traumzettel. Verstreutes zu Arno Schmidt* (Edition ReJoyce, Bd. 40)

rejoyce pocket
rjp 2

Bibliografische Information der Deutschen Bibliothek:

Die Deutsche Bibliothek verzeichnet diese Publikation in der Deutschen Nationalbibliografie; detaillierte bibliografische Daten sind im Internet über <http://dnb.ddb.de> abrufbar.

EDITION ReJOYCE Südwesthörn 2017
rejoyce@gmx.de
Satz, Titelfoto und Umschlaggestaltung: Friedhelm Rathjen
Herstellung: Books on Demand GmbH, Norderstedt
ISBN 978-3-947261-00-0

Inhalt

Die Weite der Prärie
Zur Funktion eines amerikanischen Klischees bei Brigitte Kronauer und Arno Schmidt

1. Distanzen

1948 formuliert Arno Schmidt für seine unter dem Titel *Arno Schmidts Wundertüte* projektierte Sammlung fiktiver Briefe ein Schreiben an den amerikanischen Populärhistoriker George R. Stewart; als eine Publikation der *Wundertüte* nicht zustande kommt, baut Schmidt das Schreiben 1951 leicht verändert in seinen Kurzroman „Schwarze Spiegel" ein.[1] Auslöser des sehr polemisch gehaltenen Briefes ist ein Auszug aus Stewarts Buch *Man: An Autobiography* (1946) in einem jener *Reader's-Digest*-Hefte, die Schmidt in den Nachkriegsjahren regelmäßig von seiner in Amerika lebenden Schwester zugeschickt bekommt. In Stewarts Beitrag meint Schmidt die in seinen Augen typische amerikanische Oberflächlichkeit zu erkennen. Besonders Stewarts Versuch, zugunsten der Entdecker Amerikas die nautischen Leistungen der antiken Mittelmeeranrainer herabzuwürdigen, erregt den Verdruß von Schmidt und seinem Erzähler, und so muß halt ein Gegenargument her. Es lautet:

> Wenn Sie (und Andre) immer wieder die Wikinger preisen, dann denken Sie wahrscheinlich an die erste Entdeckung Amerikas; vergessen aber dabei, daß keiner dieser Seeräuber jemals in direkter Fahrt von Norwegen oder England aus Vinland erreichte, sondern stets über die Zwischenstationen Island und

[1] Zu dem Schreiben an Stewart und seiner Funktion innerhalb des Kurzromans vgl. umfassend Iannis Goerlandt, *Schulen zur Allegorie. Nationale Bilder in Arno Schmidts utopischer Prosa* (Bielefeld: Aisthesis 2008), S. 117-161.

> Grönland (die z.B. in Sichtweite voneinander liegen!): keine dieser Etappen verlangt mehr als allerhöchstens 1000 km Hochseefahrt; die letzte wurde meist unfreiwillig gemacht.[2]

Der frühe Seeweg der Wikinger nach Amerika, so heißt das (wohl doch etwas vereinfachend), sei kaum mehr als eine Serie von Katzensprüngen gewesen.

2. Mengen und Weiten

Brigitte Kronauers Erzählung „Die Weite", enthalten in dem Band *Schnurrer* von 1992, beginnt mit den angeberischen Worten eines gerade heimgekehrten Amerikareisenden: „Alles bloß Katzensprünge, immer auf Sichtweite, sag' ich mir. Vom Festland nach England, dann Schottland, Island, hopp Grönland, hopp Neufundland, jetzt der St.-Lorenz-Strom, 3000 Kilometer auf dem Wasser ins Landesinnere."[3] Diese großspurigen Formulierungen zielen darauf, den Titelhelden Karl Rüdiger Schnurrer, der sich mehr oder weniger behaglich in seiner kleinen Hamburger Welt eingerichtet hat, in die Defensive zu treiben. Beim Angeber handelt es sich um den namenlosen Bruder des Titelhelden, einen brüllenden Hansdampf, der „die Einsamkeit gewohnt war zwischen Bären und Adlern und dem Highway."[4] Schnurrer kennt all das nicht, wovon der Bruder tönt; lediglich „dieses Land Grönland hatte er auf einem Dia gesehen, aus dem Flug-

---

2 Arno Schmidt, „Herrn Prof. George R. Stewart", in Bargfelder Ausgabe, Bd. III/3 (Zürich: Haffmans 1995), S. 25-29, hier S. 25. Fast unverändert auch in Arno Schmidt, „Schwarze Spiegel", in Bargfelder Ausgabe, Bd. I/1 (Zürich: Haffmans 1987), S. 199-260, hier S. 233 f.

3 Brigitte Kronauer, „Die Weite", in *Schnurrer. Geschichten* (Stuttgart: Klett-Cotta 1992), S. 51-54, hier S. 51.

4 Ebd., S. 52.

zeug fotografiert, schiefergrau die Felsengrate mit Mühe aus den Schneemassen herausgehalten und nichts als das, über die gesamte Leinwand hinweg." Der Eindruck, entsetzlich und schön zugleich, den dieses Dia auf Schnurrer gemacht hat, veranlaßt ihn zur Überzeugung: „weiter als Grönland konnte sowieso nichts sein, Grönland, über dem die finsteren eisigen Stürme gröhlten."[5] Schnurrer reicht es, jenes Dia gesehen zu haben; es reicht, damit er sich etwas ausmalen kann, und weiter kann für ihn keine bereisbare Realität reichen.

Schnurrer ist ein Mann, der sich Gedanken macht „beim Umgraben und Spazierengehen, auch an seinem Schreibtisch, wenn er mit den Kleinigkeiten spielte."[6] Schnurrers Kleinigkeiten sind: „Radiergummis, Bleistifte"[7]; ein behagliches Rühren in der Tasse unter aufmerksamer Achtung „auf das nette Geräusch"[8]; eine „Puppenstubenlandschaft"[9] im Grünen, wo er „ein besonders freundliches Plätzchen"[10] weiß. Aber diese geliebten Kleinigkeiten sind natürlich „alles nichts, wenn man es erst verglich"[11], nämlich mit den Großspurigkeiten des Bruders. Der hat sich „vermutlich auch beim Denken ein Brüllen zugelegt"[12], bestreicht ein Brötchen nach dem anderen „in großer Eile [...], als müßte er gleich wieder abreisen"[13], trinkt „in zwei Schlücken die Tasse leer"[14] und hätte beinahe „das Porzellan, diese nichtigen Täßchen umgewor-

[5] Ebd.
[6] Ebd., S. 51.
[7] Ebd.
[8] Ebd., S. 52.
[9] Ebd., S. 53.
[10] Ebd., S. 54.
[11] Ebd.
[12] Ebd., S. 52.
[13] Ebd., S. 51.
[14] Ebd., S. 53.

fen, als er die Größe von Beeren und Bären zeigte mit seinen Hausbauhänden, die Schnurrer bestaunte."[15] „Große Schritte" macht der Bruder, selbst seine Kleidung ist eine „mächtige Jacke", und so paßt sein ganzer Aufputz und sein Betragen dazu, daß er „unentwegt von den Weiten hinter den Katzensprüngen" spricht.[16] In Hamburg, im kleinen Europa, wo Schnurrer lebt, fällt dem Bruder „nach einer Woche der Himmel auf den Kopf", also will er gleich wieder weg auf die andere Seite des Atlantiks: „Eins, zwei, drei, von einem Sprungbrett aufs nächste, und schon landet man in den Rockys. Gar keine Entfernungen sind das heutzutage"[17]. Dort ist dann alles groß und weit:

> Jede Menge Adler fliegen über das Haus. Das Haus hat man selbst gebaut. Zehn-, zwanzigmal größer ist das Grundstück, auf dem es steht, als bei euch üblicherweise. Wenn ich meinen Kaffee trinke dort [...] sehe ich die Sonne über den Rockys aufgehen. Weißt du denn überhaupt, wievielmal eure Bundesrepublik in dieses Land reinpaßt? Riesige Saurierfunde hat man da gemacht [...].[18]

Dem Angeber, der der Bruder ist, geht es nicht darum, jemandem etwas mitzuteilen, sondern es geht ihm darum, sich groß zu fühlen und jenen großartigen Dingen zugehörig, von denen erzählt wird. Der Bruder lacht deshalb „die enormen Mengen und Weiten an, aber nicht ihn, Schnurrer, und garantiert gar nichts, was sich hier befand."[19]

---

[15] Ebd.
[16] Ebd.
[17] Ebd., S. 51 f.
[18] Ebd., S. 52 f.
[19] Ebd., S. 53.

Es wäre sicherlich zu kurz gedacht, wollte man sagen, Schnurrers Bruder stehe in diesem Text für Amerika. Er steht vielmehr für ein Amerika-Klischee, für eine großspurige Vorstellung von Amerika, mit der diejenigen, die dort gewesen sind (oder behaupten, dort gewesen zu sein), die Daheimgebliebenen einschüchtern können. Dieses Klischee ist die der eigenen Verfügungsgewalt unterworfene Größe; eben dies sind „die enormen Mengen und Weiten", mit denen der Bruder auftrumpfen kann, weil er sie sich angeeignet hat. Schnurrer fühlt sich klein und in die Enge getrieben.

3. Weite und Enge

Kleinheit und Enge auf der einen, Größe und Weite auf der anderen Seite – das ist eine Dichotomie, mit der Arno Schmidt die Fernesehnsucht seines Jugendschwarms zu erklären sucht. Schmidt selbst ist nie in Amerika gewesen; das, was er über Amerika weiß oder zu wissen glaubt, speist sich aus zwei Quellen. Die eine Quelle ist seine Schwester Luzie (später: Lucy), die in den 30er Jahren mit ihrem jüdischen Mann in die USA auswandert und insbesondere nach dem Zweiten Weltkrieg regelmäßig mit Schmidt korrespondiert, zudem mit ihren Lebensmittel- und Büchersendungen zum Lebensunterhalt des unter desolaten wirtschaftlichen Umständen lebenden Bruders beiträgt. Timm Menke, der den unveröffentlichten Briefwechsel Arno Schmidts mit seiner Schwester einsehen konnte, teilt mit, daß Lucy Kiesler „in der [...] Korrespondenz mit dem jüngeren Bruder mit ihrem neu erworbenen Reichtum freizügig angab, ohne dessen wirtschaftliche Bedrückung überhaupt richtig wahrzunehmen"; sie habe „in Briefen und Postkarten stets recht gefühllos von ihrem neu erworbenen Wohlstand zu berichten“ gewußt.[20] Schmidts Schwester hätte damit biographisch eine ähnliche Funktion gehabt wie Schnurrers Bruder in Brigitte Kronauers Fiktion und – dies legt Menke zumindest nahe – Schmidts Aversionen gegen die USA verstärkt. In die andere Richtung gewirkt haben wird allerdings Schmidts zweite Quelle für das Bild, das er sich von Amerika machte, nämlich die Literatur. An Schmidts früheste prägende Leseerlebnisse erinnert sich die Schwester im weiten zeitlichen Abstand: „He loved Karl May. He loved, uh... Cooper, very much so“[21]. Schmidts frühes Bild von Nordamerika war deshalb dasjenige, das vor allem May vermittelte: das Bild weiter Prärien und der wilden Rocky Mountains – grob gesagt das Klischee, mit dem bei Brigitte Kronauer der Bruder Schnurrers auftrumpft.

Nun ist bekanntlich Karl May selbst – dies nun im Gegensatz zu Kronauers Bruder Schnurrer – nie in Amerika gewesen, bevor er seine dort angesiedelten Bücher schrieb, und hat sich sein Klischee-Amerika aus früherer Literatur und den eigenen Vorstellungswelten zusammengeschrieben. Warum dieses vorgestellte Amerika gerade so aussehen mußte, wie es dann aussah, und zwar mit einer Art Zwangsläufigkeit, dazu hat Arno Schmidt – freilich nicht zuzeiten seiner jugendlichen May-Schwärmerei, sondern im späteren Stadium der äußerst kritischen Analyse – eine These formuliert. Verfallen, so Schmidt, sei der ehemalige Sträfling May auf „die Weite des

---

20 Timm Menke, „Vorbild und Abschreckung: Das Amerikabild Arno Schmidts“, in *Neophilologus. International Journal of Modern and Mediaeval Language and Literature*, Bd. LXXIX, No. 1, Januar 1995, S. 645-651, hier S. 649.

21 [Lucy Kiesler,] „Erinnerungen meiner Schwester“, in Ernst Krawehl (Hg.), *Porträt einer Klasse. Arno Schmidt zum Gedenken* (Frankfurt a.M.: Fischer 1982), S. 222-345, hier S. 279.

‹Wilden Westens› und östlicher ‹Wüsten› deshalb, weil dreitausend Tage Zellenangst auszutarieren waren: er flüchtet in Gedanken protektiv ‹ins Freie›? Und setzt sich jetzt hin, und schreibt seine unzähligen Bände.“[22] Ausgangspunkt der Gedankenflucht ist danach die Beschränkung der persönlichen Möglichkeiten: „Vollkommenheiten, die ihm das Leben versagt, muß die Phantasie liefern. Zur Austarierung der Claustrophobie erzeugt er imaginäre Fluchtbewegungen durch weiteste Räume.“[23] Hintergrund dieser These ist Schmidts Vorstellung, daß zumindest ein bestimmter Autorentypus das eigene Werk als ein „Längeres Gedankenspiel“ (von Schmidt „LG“ abgekürzt) inszeniert, bei dem das, woran es in der realen Welt mangelt, ins Werk gesetzt wird.

> Beispiel: ein ‹Gefangener› wird sich zur Austarierung, um nur Überleben zu können, gerne LG's der absoluten ‹Freiheit› suggerieren; wie es etwa KARL MAY im Zuchthaus zu Waldheim tat, (und so mancher Kriegsgefangene auch tun mußte); in solchem Fall ist nun der Gegensatz – obschon voll als solcher begründet – dennoch so gewaltig, daß der oberschichtige bildmäßige Zusammenhang nur noch ganz dünn sein, ja meist ausdrücklich abgelehnt werden wird. (Daß unterschwellig die grausamste Determinierung stattfindet – dies dem Leser darzutun, wird Sache des ‹gekonterten› LG sein: den ‹Gefangenenwärter› der

---

22 Arno Schmidt, „Old Shatterhand und die Seinen. Eine Darstellung von Leben und Werk KARL MAY's“, in Bargfelder Ausgabe, Bd. II/3 (Zürich: Haffmans 1991), S. 71-92, hier S. 76.

23 Arno Schmidt, „Vom neuen Großmystiker (Karl May)“, in Bargfelder Ausgabe, Bd. II/1 (Zürich: Haffmans 1990), S. 207-233, hier S. 213. Ebenso auch in der Neufassung: Arno Schmidt, „Abu Kital. Vom neuen Großmystiker“, in Bargfelder Ausgabe, Bd. II/2 (Zürich: Haffmans 1990), S. 31-59, hier S. 38.

> Realität, wird man im LG schon ganz schön über die Prärie scheuchen!).[24]

In der Weite der Prärie kann Karl May dieser These zufolge also alte Rechnungen begleichen, die aus seiner Zeit in der Enge des Zuchthauses noch offen sind. Die Attraktion, die die leere Weite auf den Autor ausübt, wäre mithin eine unmittelbare Folge der Tatsache, daß er die prägende frühe Zeit seiner Realexistenz in qualvoller Enge hat verbringen müssen.

Wenn Schmidt eine solche These formuliert und wenn man gleichzeitig berücksichtigt, daß Schmidt selbst zeit seines Leselebens für den Reiz der weiten Prärien, die er bei May, Cooper und anderen fand, anfällig war, dann läßt sich kaum der Versuchung widerstehen, auf Schmidts eigene frühe Lebensumstände einen Blick zu werfen. In dem späten, von Erinnerungen an die eigene Jugendzeit geprägten Dialogroman *Abend mit Goldrand* entwirft Schmidt folgendes Bild seiner Kindheit in Hamburg:

> die Mentalität meiner Eltern war so gruselich, daß Wir die ›Gute Stube‹ vorn, (die mit dem Balkong), *nie benützten!* Wir hausten, jahraus=jahrein, *nur in der Küche!* (Mit Ausnahme der Tage vom 24. Dezember bis 1. Januar.) In drangvollster Enge; in Koch= und WäscheDunst, (die näm'ich in der Küche getrocknet ward: unter der Decke zogen sich Leisten mit eingeschraubten Haken hin, wo die Leinen gezogen wurdn.[25]

---

[24] Arno Schmidt, „Sylvie & Bruno. Dem Vater der modernen Literatur ein Gruß!", in Bargfelder Ausgabe, Bd. III/4 (Zürich: Haffmans 1995), S. 246-264, hier S. 261. Ähnlich auch in Arno Schmidt, „‹Sind wir noch ein Volk der Dichter & Denker?›", ebd., S. 311-321, hier S. 320 f.

[25] Arno Schmidt, *Abend mit Goldrand. eine MärchenPosse. 55 Bilder aus der* $L^{ä}/_{E}$*ndlichkeit für Gönner der VerschreibKunst*, Bargfelder Ausgabe, Bd. IV/3 (Zürich: Haffmans 1993), S. 230 f.

Diese Beschreibung „drangvollster Enge“ müßte jenem kompensatorischen Prinzip zufolge, das Schmidt im Falle Karl Mays als Erklärung für die Vorliebe für Prärien und Wüsten heranzieht, auch bei Schmidt zu einer solchen Vorliebe geführt haben. Überprüfen wir kurz anhand seines Werks, ob dem tatsächlich so ist.

In den Hamburg-Reminiszenzen von *Abend mit Goldrand* beschreibt Schmidt einige Lokalitäten, die ihn anzogen, wenn er aus der Enge des Zuhauses entkommen konnte – da ist einmal der „Bauerberg“, Schmidts Beschreibung zufolge „ein ziemlich großer Platz; mehr ein weiter freier Raum, ungepflastert, halb mit kargem Rasen“[26]; da ist weiterhin ein sehr ländlicher Landstrich an der Peripherie der Stadt, das Hammer Moor:

> Da ging ich dann auch schon allein [...], und bei grauem Wetter; auch wenn’s regnete: da waren Bad & Wasser oft ganz leer, das Schilf windgebogen, und jenseits die graue Weite von Acker und flachen Wiesen, kein Haus mehr, nichts – wenn ich keine Menschen sah, war mir immer am wohlsten.[27]

Dies sind natürlich nur zwei Details aus einer Lebenswelt, die sehr viel komplexer gewesen sein wird, als wir sie zu rekonstruieren vermögen, so daß wir uns vor allzu vereinfachenden Schlußfolgerungen hüten sollten; festzuhalten bleibt immerhin, daß ein „weiter freier Raum“ und „die graue Weite von Acker und flachen Wiesen“ Schmidt eine Ausflucht aus der heimischen Enge boten.

Wichtiger als solche punktuellen biographischen Details sind sicherlich die Tendenzen, die sich Schmidts frühen Texten ablesen lassen. In den sogenannten Juvenilia – romantischen Erzählungen, Gedichten und Dialogen, die

---

[26] Ebd., S. 235.
[27] Ebd., S. 236.

Schmidt in den 30er und der ersten Hälfte der 40er Jahre schrieb, die jedoch zu seinen Lebzeiten nicht veröffentlicht wurden – findet sich die Dichotomie von Enge und Weite vielfach umgesetzt. Schon in dem 1935 entstandenen Gedicht „Bürgerlicher Abend“ wird die Weite einer fernen Welt zum Fluchtpunkt der Vorstellungen eines Ichs, das im beengenden Zimmer situiert ist:

> Und während lautlos ich zum Fenster schreite,
> so musiziert mein Radio sehr sacht:
> das Zimmer flüstert; strahlend schweigt die Weite.[28]

Die Helden der juvenilen Erzähltexte bewohnen ein „enges ärmliches Zimmerchen“[29] und sehen „zum engen Fenster hinaus“[30]. Treten sie aus dem Haus, so kommen sie in eine „enge Gasse“[31], bewegen sich in „engen holperigen Strassen“[32] und schreiten „langsam über das holprige pflaster der engen strassen“[33]. Der autobiographischste dieser Helden, nämlich das heranwachsende Ich der kurzen Prosa „Der Rebell“, zieht aus den Vorlieben der Erwachsenen den Schluß: „Es blieb immer seltsam genug, wie sie darüber hinwegsahen – mit diamantenen Seelen und sicheren großen warmen Händen – daß sie sich, um das Leben zu ertragen, von der Welt kleine enge Stücke – Stuben – abtrennten.“[34] Dies ist die literarisierte Fassung der Schmidtschen Realexistenz, eines engen

---

28 Arno Schmidt, „Bürgerlicher Abend“, in Bargfelder Ausgabe, Bd. I/4 (Zürich: Haffmans 1988), S. 152 f., hier S. 153.

29 Arno Schmidt, „Das Haus in der Holetschkagasse“, ebd., S. 381-437, hier S. 387.

30 Arno Schmidt, „Die Insel“, ebd., S. 185-237, hier S. 192.

31 Arno Schmidt „Die Fremden“, ebd., S. 497-575, hier S. 520.

32 Schmidt, „Die Insel“, a.a.O., S. 192.

33 Ebd., S. 224.

34 Arno Schmidt, „Der Rebell“, in Bargfelder Ausgabe I/4, a.a.O., S. 359-370, hier S. 363.

Lebens, das eigentlich mehr will und sich deshalb in die Weite einer fernen Außenwelt hinausträumt. Der Held von „Der Rebell" gelangt, als er die enge Stube endlich hinter sich lassen kann, „auf den klaren Straßen staunend in die zartkalte Weite"[35] und schließlich ans „Ufer eines weiten gefrorenen Sees [...], auf dessen Rand die rosige Sonne rollte."[36] In den zur Poetisierung und Romantisierung neigenden übrigen Juvenilia wird die Evokation der Weite durch die Häufung entsprechender Textstellen noch deutlicher. Da begeben sich die Helden auf eine „kühle, klar und blau ins Weite deutende Landstraße"[37], ziehen „durch das weite Land"[38] und in „die weiten kühlen Wälder"[39] hinein, gelangen an „weite goldsäumige Bergketten"[40] oder ins böhmische „bergland; soweit mein auge reichte, sah es nur die bleichen wälder alle höhen und weiten überziehen, endlos und sehnsüchtig."[41] Sie werden an der Seite eines „weiten langgedehnten Tales"[42] durch „weite, düstere kiefernwälder aufgenommen"[43], und unter diesen „weiten glühenden Wäldern" sehen sie unweigerlich „ein weites unabsehbares Tal"[44] oder auch „eine weite öde Heide"[45], geraten auf manch eine „weite,

---

35 Ebd., S. 362.

36 Ebd., S. 364.

37 Arno Schmidt, „Der Garten des Herrn von Rosenroth", in Bargfelder Ausgabe I/4, a.a.O., S. 439-496, hier S. 470.

38 Ebd., S. 472.

39 Ebd.

40 Arno Schmidt, „Der junge Herr Siebold. Eine Erzählung aus der alten Zeit", in Bargfelder Ausgabe I/4, a.a.O., S. 303-358, hier S. 332.

41 Schmidt, „Die Insel", a.a.O., S. 194.

42 Schmidt, „Der junge Herr Siebold", a.a.O., S. 339.

43 Schmidt, „Die Insel", a.a.O., S. 225.

44 Schmidt, „Die Fremden", a.a.O., S. 538 f.

45 Ebd., S. 559.

mondhelle lichtung“[46], begeistern sich an „weiten grasflächen“[47] oder „weiten bleichen, nebligen wiesenflächen“[48], „den weiten Nebelwiesen“[49], erblicken gar „unsäglich tief in den stummen Wassern eine weite Stadt“[50], schauen „ruhig atmend in das weite Land hinaus“[51], sehen „in weiter ferne himmel und meer ineinander“[52] sinken und horchen „versunken, wie der Schall gleich einem Silberball endlos über die Weiten rollte, weiter und weiter, bis kein Mensch ihn mehr vernehmen konnte.“[53] Diese fast schon penetrante Betonung von Elementen, die in immer neuen Variationen eine „weite Landschaft“[54] evozieren, setzt sich selbst noch auf dem engen Areal jener Insel fort, die der Schauplatz von „Pharos oder von der Macht der Dichter“ ist – phantastische Glasmalereien, die in die umlaufenden Fensterscheiben des Leuchtturms eingearbeitet sind, zeigen hier „ein weites Wolkenmeer“ über „weiten gelben Landstriche[n]“[55], bei Nacht „weite Hochflächen im Mond“ und bei Tag „ein weites lachendes Tal“[56], ergänzt von „weiten lila Heiden“[57], und so ergibt sich insgesamt eine ungebrochene und unbegrenzte Weite: „alles geht ineinander über ohne Rahmen, ohne Begrenzung.“[58]

---

[46] Schmidt, „Die Insel“, a.a.O., S. 222.
[47] Ebd., S. 225.
[48] Ebd., S. 204.
[49] Schmidt, „Der Garten des Herrn von Rosenroth“, a.a.O., S. 479.
[50] Schmidt, „Der junge Herr Siebold“, a.a.O., S. 348.
[51] Ebd., S. 351.
[52] Schmidt, „Die Insel“, a.a.O., S. 231.
[53] Schmidt, „Der Garten des Herrn von Rosenroth“, a.a.O., S. 475.
[54] Arno Schmidt, „Mein Onkel Nikolaus“, in Bargfelder Ausgabe I/4, a.a.O., S. 577-607, hier S. 594.
[55] Arno Schmidt, „Pharos oder von der Macht der Dichter“, in Bargfelder Ausgabe I/4, a.a.O., S. 609-632, hier S. 620.
[56] Ebd., S. 627.
[57] Ebd., S. 621.
[58] Ebd., S. 627.

Die „Pharos"-Glasmalereien stehen natürlich für die „Macht der Dichter" im Titel, eben für die phantastischen Kräfte, mit deren Hilfe sich der realen Enge in die so vielfach beschworenen Weiten entfliehen läßt. Welche Dichter aber sind es, die für Schmidts Juvenilia in dieser Hinsicht Leitbildfunktion haben? In „Pharos" ist es vor allem Schmidts Lieblingsromantiker Friedrich de la Motte Fouqué, der mit diversen Textdetails heraufbeschworen wird; in einem späteren Essay beschreibt Schmidt Fouqué in der Gestalt eines „perfekten Ritters", der „isoliert im Käfergehäuse der Rüstung" eine „Bewegung durch weite Räume" vollbringe[59], und in seiner monumentalen Fouqué-Biographie erwähnt Schmidt keineswegs absichtslos Fouqués Reisen „durch den damals noch sehr öden Fleming und dessen weite dichte Waldungen, zumal eine, an der sächsisch=preußischen Grenze gelegene, und »Brand's Haide« geheißen"[60] – hier kombiniert Schmidt weite bergige Wälder und Grenzlandsphäre auf eine Weise, die man eher bei James Fenimore Cooper als bei Friedrich de la Motte Fouqué vermuten möchte. Aber als Gegenbild zu realweltlich-heimischer Enge ist die Weite grundsätzlich in fast jeder Art von Literatur anzusiedeln. In „Die Fremden", einem der in diesem Zusammenhang ergiebigsten Texte der Juvenilia, ist es die Welt Shakespeares, die einen Blick in fremde Welten erlaubt, „als sähe man in eine weite Landschaft"[61]. In *Dichtergespräche im Elysium*, einem dialogischen Werk, in dem Schmidt anfangs der 40er Jahre fast alle seine literarischen Götter

---

59 Arno Schmidt, „Anachronismus als Vollendung (Zum Gedächtnis an Friedrich de la Motte-Fouqué)", in Bargfelder Ausgabe II/1, a.a.O., S. 153-174, hier S. 158.

60 Arno Schmidt, *Fouqué und einige seiner Zeitgenossen. Biographischer Versuch*, Bargfelder Ausgabe, Bd. III/1 (Zürich: Haffmans 1993), S. 49.

61 Schmidt, „Die Fremden", a.a.O., S. 554.

versammelt, preist Defoe „die Weite Sicht“[62], Homer „den ganzen weiten Raum des herrlichen Mittel-Meeres“[63] und Herodot den „Mondschein über dem weiten Lande“[64]. Edgar Allan Poe, der einzige Amerikaner, der an den *Dichtergesprächen* beteiligt ist, berauscht sich im Zwiegespräch mit Fouqué am „Blick in Weite und Höhe“[65], und als er sich am Beispiel der Vokabeln „Nebelglanz, mondhell, Bergland, Hochwald“ über den „Zauber oft eines einzelnen Wortes“ ausläßt, erinnert er sich an „das zärtliche Lachen des Kuckucks in der Tiefe der weiten Wälder“[66] – der Versuch, daraus nun endlich eine spezifisch amerikanische Weite herauszuhören, fällt allerdings schwer, und so scheint Poes Auftreten in den *Dichtergesprächen* Schmidts spätere Einschätzung vorwegzunehmen, daß Poe „so gâr=nicht ‘Amerikaner’ war“[67]. Die Vokabeln, die Schmidt Poe in den Mund legt – insbesondere der Begriff „Hochwald“ –, verweisen eher auf europäische Dichtungstraditionen und speziell auf Stifter, der in den *Dichtergesprächen* ebenfalls einschlägig präsent ist. Stifter entwirft hier „Eine weite Landschaft; die tiefen Wälder ziehen über alle Hänge und Kämme; wie die Sonne leicht auf den Wipfeln liegt –“[68]. Von Stifter allerdings führt eine amerikanische Fährte direkt zu Cooper. Stifters *Hochwald* scheint eine frühe Lieblingslektüre Schmidts gewesen zu sein; im Nachkriegswerk allerdings verkehrt sich Schmidts Hochschätzung Stifters ins Gegen-

---

62 Arno Schmidt, *Dichtergespräche im Elysium*, in Bargfelder Ausgabe I/4, a.a.O., S. 239-301, hier S. 252.

63 Ebd., S. 254.

64 Ebd., S. 292.

65 Ebd., S. 257.

66 Ebd., S. 254.

67 Arno Schmidt, *Zettel's Traum* (Stuttgart: Goverts Krüger Stahlberg 1970), S. 273B lo.

68 Schmidt, *Dichtergespräche im Elysium*, a.a.O., S. 257.

teil, und Teil dieser veränderten Wertschätzung ist die häufig wiederholte These, Stifters *Hochwald* sei ein weitgehendes Plagiat von Coopers Lederstrumpf-Roman *The Deerslayer*. Erstmals angedeutet wird diese These in Schmidts Erzählung „Leviathan oder Die beste der Welten“ von 1946: „Cooper fiel mir ein (also auch der »Hochwald«).“[69]

Die zitierte Stelle aus „Leviathan“ ist erstaunlicherweise die erste in Schmidts Werk, an der sich ein Hinweis auf den frühen Liebling Cooper findet; der zweite Jugendliebling Karl May wird sogar noch später erstmals erwähnt. In den Texten, die Schmidt bis 1945 schreibt, blendet er also jene beiden Autoren, die ihm als erste und am nachhaltigsten weite Wälder und Prärien als amerikanische Landschaftsklischees vermittelt haben, vollständig aus; auch sonst ist Amerika nie Thema in Schmidts Juvenilia (der allererste offene Bezug auf ein amerikanisches Thema ist in der Tat der polemische Stewart-Brief von 1948). Sollten die weiten amerikanischen Szenerien Coopers und Mays auf Schmidts Juvenilia einen Einfluß ausgeübt haben, so ist dieser Einfluß indirekter und deshalb kaum nachweisbarer Natur gewesen. Offenbar hat Schmidt – bewußt oder unbewußt – den amerikanischen Topos der Weite re-europäisiert, um ihn für die romantisierende Ästhetik der Juvenilia fruchtbar machen zu können. In die sehr betulichen mitteleuropäischen Erzählwelten der Schmidtschen Juvenilia hätten sich ungehobelte Wildwestelemente in Rohform gewiß schwerlich einfügen lassen, und vielleicht schämte sich Schmidt, als er in die hehren Welten edler Hochliteratur drängte, auch ein wenig jener profanen Jugendlektüre, die ihn einst auf den Weg gebracht hatte. Die wilde Weite Amerikas taucht in

---

69 Arno Schmidt, „Leviathan oder Die beste der Welten“, in Bargfelder Ausgabe I/1, a.a.O., S. 33-54, hier S. 41.

den Juvenilia deswegen höchstens kulturell gezähmt und feingeistig sublimiert auf – wie stark der durch solche Zähmung und Sublimierung erzeugte untergründige Druck ist, bleibt allerdings am vorgeführten inflationären Gebrauch der Vokabel „weit“ und ihrer Ableitungen vor allem im Kontext der Beschreibung imaginärer Landschaften in Schmidts Juvenilia ablesbar.

Dieser Gebrauch schwappt noch in den ersten Erzähltext hinüber, den Schmidt nach 1945 fertigstellt, nämlich „Enthymesis oder W.I.E.H.“ von 1946. Hier treffen wir wieder auf „ein fast kreisrundes weites Tal“, von dem aus „weit drüben in den duftenden dünstenden Wiesen“[70] eine Wasserfläche zu erkennen ist, und schließlich auf „ein weites schier ebenes leeres Hochland“[71] – ganz so, wie es der Ästhetik der Juvenilia entspricht. Allerdings hat sich der Schauplatz verändert; „Enthymesis“ beschreibt eine Expedition durch die nordafrikanische Wüste, nähert sich mithin – als Reiseerzählung mit einschlägigen Szenerien – den Erzählwelten Karl Mays, und zudem hat Dieter Kuhn in „Enthymesis“ einige mögliche Cooper-Anspielungen ausgemacht[72]. In „Enthymesis“ löst sich Schmidt von der Ästhetik seiner Juvenilia ab, und das hat auch zur Folge, daß an diesem Punkt der beschriebene inflationäre Gebrauch der Vokabel „weit“ endet.

Aber die Vorstellung einer landschaftlichen und auch gedanklichen Weite bleibt, sie wird von Schmidt fortan nur auf eine neue Basis gestellt, die weniger weltflüchtige als vielmehr weltkonfrontative Züge trägt und deshalb auf das allzu penetrante Hantieren mit einschlägigen Voka-

---

70 Arno Schmidt, „Enthymesis oder W.I.E.H.“, in Bargfelder Ausgabe I/1, a.a.O., S. 7-31, hier S. 12 f.

71 Ebd., S. 26.

72 Vgl. Dieter Kuhn, „Heute lesen wir ‚Enthymesis‘“, in *Bargfelder Bote*, Lfg. 296 / Februar 2007, S. 3-13, hier S. 7 f.

beln verzichten kann. Schmidt verlegt nun die Schauplätze ins Hier und Jetzt seines (freilich nur kurzzeitigen) neuen Lebensraums im ländlichen Niedersachsen, am Rande der Lüneburger Heide. Die „weiten Horizonte, waldumkränzt, meilenfern“[73] – sie markieren jetzt nicht mehr erträumte Phantasieländer, schon gar nicht mehr solche in romantisierter Vergangenheit, sondern sie sind in der unmittelbaren Gegenwart der Erzählungen real vorhanden. Der Erzähler von „Schwarze Spiegel“ ist nicht weltflüchtig, sondern in seiner unmittelbaren Umwelt verankert, wenn er „aufs leere Moor“ blickt, „wilde Weite, süß und eintönig“, und befindet: „Das ist das Schönste im Leben: Nachttief und Mond, Waldsäume, ein stillglänzendes Gewässer fern in bescheidener Wieseneinsamkeit“[74]. Auch dies ist wiederum ein europäischer und kein amerikanischer Schauplatz, doch handelt es sich nicht mehr um die zähmende und sublimierende Europäisierung früher Schmidtscher Amerika-Leseerlebnisse, sondern im Gegenteil wird das niedersächsische Areal ganz offen amerikanisiert. Der Erzähler von „Schwarze Spiegel“ liest Cooper, bekennt sich (wie schon zuvor der Erzähler von „Brand’s Haide“) zu dieser Lektüre, da für ihn Cooper und Poe „die Spitzen der US-Entwicklung“[75] sind, und er inszeniert das eigene Herumstreifen durch die niedersächsischen Wälder als unmittelbaren Nachvollzug jener Welten, durch die der Cooper-Held Natty Bumppo gestreift ist: „Natty hatte schon recht: Wälder sind das Schönste!“[76] „Schwarze Spiegel“ ist ein Text, der – obwohl er in der Mitte Europas spielt – auf vielfache Weise einen Kom-

---

[73] Arno Schmidt, *Brand’s Haide*, in Bargfelder Ausgabe I/1, a.a.O., S. 115-198, hier S. 155.

[74] Schmidt, „Schwarze Spiegel“, a.a.O., S. 204.

[75] Ebd., S. 251.

[76] Ebd., S. 211.

mentar Schmidts zu Amerika darstellt und Schmidts damaliges Amerikabild explizit zum Ausdruck bringt. Einerseits baut Schmidt in diesen Text seinen ausdrücklich als Kritik am mangelnden Wissensstand der Amerikaner gemeinten Stewart-Brief ein, übt zudem Kritik an der zeitgenössischen amerikanischen Literatur („Hemingway [...] Und Wolfe und Faulkner. [...] Jubeltrubelheiterkeit? Die Welt besteht doch nur aus Barmixern, Menschenschmugglern, Veterans; kein Mädchen ohne Nymphomanie; Autofuhren: Gott, muß Amerika schön sein!“[77]) und entwirft überdies das Setting einer Welt nach dem Einsatz der (zur Zeit der Niederschrift von Schmidts Erzählung: amerikanischen) Atombombe; andererseits preist er Cooper und Poe, beruft sich (in seiner polemischen Kritik an Amerika) auf Mark Twain[78] und, vor allem, nimmt das Flachland Niedersachsens auf eine Weise in den Blick, wie dies nur jemandem möglich ist, der sich aus der Lektüre Coopers eine umfassende Vorstellung von der Landschaft Nordamerikas verschafft hat.

Aus diesem neuen Blick heraus gewinnen in der Rückschau freilich auch frühere Schmidtsche Szenarien plötzlich eine konkretere Cooper-Qualität. Schmidt läßt den Erzähler von „Schwarze Spiegel“ befinden: „schön, die weiten wirren Wälder“[79] – das ist sein Cooper-Land, aber es ist doch kein Neuland für Schmidt. Die Formulierung hat er schon mehrfach in den Juvenilia verwendet. In „Die Insel“ läßt Schmidt schon 1937 den „ton eines posthorns aus den weiten wirren wäldern“[80] kommen; in „Der junge Herr Siebold“ steigt „aus den weiten wirren Bergwäldern [...] in großer Ferne ein feiner Rauchfaden senkrecht in

---

[77] Ebd., S. 251.
[78] Vgl. ebd., S. 236.
[79] Ebd., S. 208.
[80] Schmidt, „Die Insel“, a.a.O., S. 195.

die flimmernde Luft“[81]; in „Die Fremden“ erfüllt der Mond „die weiten wirren Wälder mit seinem blassen schönen Licht“[82]. In „Schwarze Spiegel“ zitiert Schmidt also eine Wendung aus seinem eigenen Frühwerk herbei, doch gleichzeitig weist er in spätere Texte voraus, in denen diese Wendung wiederum aufgegriffen wird. So verbindet Schmidt „die weiten wirren Forste“[83] einerseits mit Samuel Christian Pape, einem vergessenen Lyriker, der Schmidt vermutlich nur deshalb interessiert hat, weil er in Visselhövede unweit von Schmidts Nachkriegswohnsitz am Rande der Lüneburger Heide (und damit am Schauplatz von „Schwarze Spiegel“) aufgewachsen ist und Schmidt biographische Ähnlichkeiten zu sich selbst entweder entdeckte oder konstruierte[84], und wiederum mit seinem Lieblingsromantiker Fouqué, der „in den weiten wirren Waldungen des Fläming“[85] herumgereist sei. Andererseits benennt Schmidt das, was er an James Fenimore Cooper über alles schätzt, wiederum unter Gebrauch der einschlägigen Wendung: „Wo er kein ‹Ideal› zeichnen wollte, sondern sich (vermutlich nachsichtig lächelnd) damit begnügt hat, seine weiten wirren Wälder,

---

[81] Schmidt, „Der junge Herr Siebold“, a.a.O., S. 311.

[82] Schmidt, „Die Fremden“, a.a.O., S. 571.

[83] Arno Schmidt, „Samuel Christian Pape. Ein vergessener norddeutscher Dichter“, in Bargfelder Ausgabe III/3, a.a.O., S. 117-121.

[84] Zu Schmidts Stilisierung einer Verwandtschaft mit Pape vgl. Friedhelm Rathjen, „‚Die Notwendigkeit eines Tandems‘. Arno Schmidt in der Heidmark“, in Martin Lowsky (Hg.), *Zettelkasten 11. Aufsätze und Arbeiten zum Werk Arno Schmidts. Jahrbuch der Gesellschaft der Arno-Schmidt-Leser 1992* (Frankfurt a.M.: Bangert & Metzler 1992), S. 249-271, hier S. 268-270; außerdem Friedhelm Rathjen, „Utys in der Post. Arno Schmidts Lebens- und Lesetext in einer Passage von ‚Schwarze Spiegel‘“, in ders., *Textarbeit, Textvergnügen. Einzeltextstudien zu Arno Schmidt* (Scheeßel: Edition ReJoyce 2008), S. 17-34, hier S. 25-29.

[85] Schmidt, „Anachronismus als Vollendung“, a.a.O., S. 159.

seine Wasserflächen und Prärien zu ‹staffieren›, kann man sogleich aufatmen.“[86] Aufatmen und durchatmen kann man da, wo alles weit ist: Wälder, Gewässer und Prärien – das schätzt Schmidt, und er weiß zu schätzen, daß auch Cooper es schätzt. Als „Mann der weiten wirren Wälder“[87] bezeichnet Schmidt an anderer Stelle einen der einsamkeitssüchtigen und menschenfeindlichen Cooper-Helden, und zwar in einem Aufsatz mit dem Titel „Amerika, du hast es besser ...“ – es gibt wohl nur wenig an Amerika, was Arno Schmidt „besser“ fand als die europäischen Entsprechungen, aber die gering besiedelte Weite zählt zu diesem Wenigen in jedem Fall dazu.

Es ist möglich, aber nicht nachzuweisen, daß die Formulierung von den „weiten wirren Wäldern“ schon in den Juvenilia von Schmidt als untergründige Cooper-Anspielung eingesetzt wird; an die Oberfläche gelangt die Verbindung zu Cooper dann in „Schwarze Spiegel“. Allerdings ist hier ja keineswegs von amerikanischen Schauplätzen die Rede, sondern von niedersächsischen – genauer: von Schmidts Lebensraum der Jahre 1946-50 am Westrand der Lüneburger Heide. Schmidt hat aus der Lektüre Coopers (und auch einiger weniger anderer Autoren) ein Bild von Amerika gewonnen, doch in der Praxis des eigenen Schreibens trägt er dieses Bild nicht an seine eigenen Leser weiter, sondern er trägt einzelne Elemente dieses Bildes in die geliebte eigene Lebenslandschaft hinein. So kann er, als er Samuel Christian Papes Heimatstädtchen Visselhövede beschreibt, ganz organisch eine amerikanisch unterfütterte Landschaftskulisse aufbauen:

---

[86] Arno Schmidt, „Nachwort zu Coopers »Conanchet«“, in Bargfelder Ausgabe III/4, a.a.O., S. 130-169, hier S. 140.

[87] Arno Schmidt, „Amerika, Du hast es besser ...“, in Bargfelder Ausgabe III/4, a.a.O., S. 329-339, hier S. 333.

> Visselhövede selbst, damals, 1780, ein Flecken von rund 60 Feuerstellen, mit spitzer Kirche, und von durchaus ländlichem Charakter, liegt inmitten von Wiesen und spärlichen Feldern; im Grenzgebiet des Bistums Verden, wo im Westen die Pferde mit Holzpantoffeln durch den Moorrauch stapfen; nach Osten beginnen die Prärien Lüneburgs: wir haben alles hierzulande: Savannen und Galeriewälder![88]

Den Ausdruck „Galeriewälder“ verwendet Schmidt noch ein weiteres Mal in seinem Werk, und zwar im ersten Teil des Romans *Die Gelehrtenrepublik* von 1957, dem einzigen Erzähltext Schmidts, der tatsächlich an einem amerikanischen Schauplatz angesiedelt ist[89]; allerdings gehorchen die in der Wüste von Arizona spielenden Szenen der *Gelehrtenrepublik* nicht wirklich dem von Schmidt an Cooper so bewunderten topographischen Realismus, denn Schmidt fügt gezielt Details afrikanischer Flora und Fauna in den Text ein und schafft damit eine fiktionale Paraphrase zu den Wüsten-, Prärie- und Savannenartikeln in *Meyers Großem Konversationslexikon*[90], aber keine naturalistisch korrekte amerikanische

---

[88] Arno Schmidt, „Samuel Christian Pape. Vergessene Dichtung aus Moor und Heide“, in Bargfelder Ausgabe II/l, a.a.O., S. 175-205, hier S. 181.

[89] Vgl. Arno Schmidt, *Die Gelehrtenrepublik. Kurzroman aus den Roßbreiten*, in Bargfelder Ausgabe, Bd. I/2 (Zürich: Haffmans 1986), S. 221-349, hier S. 233: „Ein Kreishorizont wie abgeschliffen. / Ganz fern rechts voraus eine Gruppe Säulenkakteen: ihre Kandelaberarme mußten 20 Yards hoch sein! – Mehr links, mehr in meiner Richtung, noch ein flaches Dunstpaket: wohl einer der, ebenfalls erwähnten, leeren Galeriewälder.“

[90] Vgl. Friedhelm Rathjen, „Gegenzauber im Hominidenstreifen. Arno Schmidt (üb)ersetzt Hassoldt Davis“, in Rudi Schweikert (Hg.), *Zettelkasten 26. Aufsätze und Arbeiten zum Werk Arno Schmidts. Jahrbuch der Gesellschaft der Arno-Schmidt-Leser 2007/8* (Wiesenbach: Bangert & Metzler 2009), S. 17-68; Nachdruck in Fried-

Landschaft. Wenn der Held und Erzähler der *Gelehrtenrepublik* „über eine weite Lichtung"[91] kommt oder „auf eine weite Sandebene"[92] gerät, dann haben wir es keineswegs mit der amerikanischen Weite eines Cooper zu tun, sondern allenfalls mit der erfundenen pseudo-amerikanischen Szenerie eines Karl May, auf den in der *Gelehrtenrepublik* wiederholt angespielt wird.

In der 1955 entstandenen Erzählung „Schwarze Haare" läßt Schmidt seinen Erzähler ganz direkt aussprechen, daß sich jene weiten Prärielandschaften, für die Karl May ein Faible hatte, keineswegs nur in Übersee finden ließen:

> was Ihre gerühmte Wüstenöde anbetrifft, Herr Hauptmann,: warum in die Ferne schweifen? Es ist gar nicht so lange her – in meiner Kindheit haben es mir Augenzeugen noch selbst erzählt! – da konnte unsere Lüneburger Heide es mit jeder Einöde aufnehmen.[93]

Im weiteren Text von „Schwarze Haare" wird das aus Karl Mays Indianerromanen bekannte Motiv von den Markierungsstangen, die in der unwegsamen Prärie den Weg kennzeichnen sollen und von Banditen umgesteckt werden, um Reisende in die Irre zu locken, kurzerhand in die Lüneburger Heide und die Zeit der napoleonischen Besatzung transferiert.[94] Beinahe planmäßig baut Schmidt

---

helm Rathjen, *Bargfeld Transfer. Studien zu Arno Schmidt als Übersetzer und Transformator* (Scheeßel: Edition ReJoyce 2010), S. 33-74.

91 Schmidt, *Die Gelehrtenrepublik*, a.a.O., S. 236.

92 Ebd., S. 239.

93 Arno Schmidt, „Schwarze Haare", in Bargfelder Ausgabe I/4, a.a.O., S. 23-26, hier S. 23.

94 Dieses Motiv greift Schmidt auch in anderen Texten aus dieser Zeit auf, teilweise unter ausdrücklichem Hinweis auf Karl May. Vgl. beispielsweise Schmidt, „Samuel Christian Pape. Vergessene Dichtung aus Moor und Heide", a.a.O., S. 181: „So groß ist [in der Lüneburger Heide] die Einsamkeit, so unheimlich die grenzen= und pfadlose Öde, daß noch 1813 Marschall Davout von Soltau bis

in etlichen Texten seines Gesamtwerks die von ihm präferierte Landschaft der Lüneburger Heide zu „Lüneburger Prärien"[95] aus, so daß er sich selbst gleichsam in Coopers Nachbarschaft sehen kann. Daß es Landschaften, die den ihm nur aus der Literatur bekannten Weiten Nordamerikas ähneln, ohne Reizverlust auch in ganz anderen Weltgegenden gebe, behauptet Schmidt gelegentlich, wenn er auf Sibirien zu sprechen kommt:

> Das trägt, vielleicht sogar heute noch, annähernd Texas= & Canada=Züge: endlose Weiten, von Zobeljägern durchstreifte; angenehmste Kalt=Urwälder; Bergketten, den ‹Rocky Mountains›, Seen, den ‹Great Lakes›, Wüsten, dem ‹Llano Estacado›, Steppen, jedweder ‹Prärie› mühelos vergleichbar, (wenn nicht gar überlegen!).[96]

Hamburg Stangen einschlagen ließ, um seinen Nachschubkolonnen die Richtung für ihren ‹Gang durch den Sand› zu bezeichnen: genau wie nur je im, von geistig unnötig=Landflüchtigen bewunderten, ‹Llano Estacado› amerikanischer Wüsten. [...] Und die ebensooft, ganz à la Karl May und seinen ‹Stake=Men›, von Bauern und Partisanen herausgezogen, und *umgesteckt* wurden: um die wertvollen Transporte irre zu führen, in Moor, in Dickicht und Dorngedränge; sie dort zu überfallen, die Begleitung zu versprengen oder niederzumachen – und dann wieder in die besitzerlosen, kaum kartografierten Weiten zu verschwinden." Dafür, daß es sich um authentische Geschehnisse aus den Befreiungskriegen gehandelt haben könnte, lassen sich bislang kein Belege ermitteln. Bei Karl May tauchen die „Stakemen" des „Llano Estacado" immer wieder auf, so etwa in *Winnetou III*, *Old Surehand I* und der Erzählung „Der Geist des Llano estakado"; vgl. Meredith McClain, „Karl Mays Llano estakado und die Wirklichkeit heute", in Claus Roxin, Helmut Schmiedt u. Hans Wollschläger (Hg.), *Jahrbuch der Karl-May-Gesellschaft 1994* (Husum: Hansa 1994), S. 299-311.

95 Arno Schmidt, „Caliban über Setebos", in Bargfelder Ausgabe, Bd. I/3 (Zürich: Haffmans 1987), S. 475-538, hier S. 498.

96 Arno Schmidt, *Sitara und der Weg dorthin. Eine Studie über Wesen, Werk & Wirkung KARL MAY's*, Bargfelder Ausgabe, Bd. III/2 (Zürich: Haffmans 1993), S. 81.

Für Schmidt gibt es offensichtlich kein wirkliches Spezifikum rein amerikanischer Landschaft – kein Wunder eigentlich, denn er selbst kennt amerikanische Landschaft ja nicht. Für ihn gibt es Grundbedingungen, die jede reizvolle Landschaft zu erfüllen hat, und dazu zählen vor allem der Waldreichtum (aus diesem Grunde beendet Schmidt 1952 seine zuvor angestellten Erwägungen, vielleicht auf die südatlantischen Falkland-Inseln auszuwandern, als er erfährt, daß es dort keine Wälder gibt, und verfällt statt dessen auf Kanada[97]) und eine landschaftliche Weite, die auch von der Abwesenheit von Bergen herrührt. Solche Grundbedingungen sieht Schmidt in jenem fiktionalen Amerika, das er in den Büchern James Fenimore Coopers vorfindet, gegeben, aber selbstverständlich auch anderswo – namentlich in Niedersachsen, wo er „Weite, um nicht direkt zu sagen ‹endlose› Waldungen“[98] aus eigener Anschauung kennt, „einsam in der weiten Fläche“[99]. Schmidts Credo lautet: „gebt mir Flachland, mit weiten Horizonten“[100]; in einem seiner Cooper-Aufsätze überträgt Schmidt seine häufig geäußerte Flachlandliebe ausdrücklich auf den geschätzten amerikanischen Kollegen:

> Ich begreife mindestens ebenso gut wie STIFTER (der COOPER im ‹Hochwald› begeistert plagiiert hat) schlechthin Alles: die ‹Grands Arbres› seiner Wälder; das ‹Siebzehn sind zu viel!› (nämlich Nachbarn); vor

---

[97] Alice Schmidt, Tagebucheintrag vom 1. Oktober 1952, mitgeteilt von Josef Huerkamp, *Der Landschafter auf der Höhe. Arno Schmidt in Kastel 1951-1955* (Dresden: Neisse 2008), S. 31.

[98] Arno Schmidt, „Die Wasserstraße“, in Bargfelder Ausgabe I/3, a.a.O., S. 423-454, hier S. 427.

[99] Schmidt, „Caliban über Setebos“, a.a.O., S. 490.

[100] Arno Schmidt, „Verschobene Kontinente“, in Bargfelder Ausgabe I/4, a.a.O., S. 63-65, hier S. 63.

> allem aber die endlosen Haide=Weiten eben dieser just neugebackenen ‹Prärie› – ah, Flachland & Nachschlagewerke; da kriegt man doch noch Luft![101]

Flach und leer muß das Land sein, das Schmidt lieben kann, deswegen entvölkert er in seinem (Cooper nacheifernden) Text „Schwarze Spiegel" den geschätzten niedersächsischen Lebensraum, indem er die Bevölkerung der Atombombe zum Opfer fallen läßt. Dies ist Schmidts Variante dessen, was er an dem Cooper-Helden Natty Bumppo, dem „Lederstrumpf", so schätzt: sobald diesem die Zahl der Nachbarn zu groß wird, zieht er „angewidert weiter: in den leeren Westen."[102]

Das Ideal der flachen Weite findet sich in Nordamerika in der Prärie des Mittelwestens. Schmidt kommt immer wieder nicht nur auf Coopers Wälder, sondern auch auf seine Prärien zu sprechen; zum „für mich impressivsten Stücke" der „Lederstrumpf"-Serie erklärt Schmidt zudem den Abschlußband *Die Prärie*, der als einziger nicht in den Wäldern des östlichen, sondern eben auf den Prärien des zentralen Nordamerika spielt, und Schmidts Vorliebe gründet sich auf das Argument, in diesem Schlußroman trete „eine solche Kombination der Verlorenheits=Gefühle von Froschperspektive plus Vogelschau ein – daß man gleich dort sein möchte!"[103]

Nun hat allerdings nicht nur Arno Schmidt (ebenso wie der vermutlich erste Lieferant seiner Wildwestbilder, Karl May) die Prärien des amerikanischen Mittelwestens nie selbst gesehen, sondern auch Cooper kannte sie gar nicht aus eigener Anschauung. Cooper selbst stützte sich für die

---

101 Arno Schmidt, „Schutzrede für ein graues Neutrum", in Bargfelder Ausgabe III/4, a.a.O., S. 347-350, hier S. 348.

102 Arno Schmidt, „Die großen Spinnen", in Bargfelder Ausgabe III/3, a.a.O., S. 228-230, hier S. 229.

103 Schmidt, „Nachwort zu Coopers »Conanchet«", a.a.O., S. 140.

Beschreibung der Weiten des amerikanischen Westens wiederum auf die Literatur, so vor allem auf die Expeditionstagebücher von Meriwether Lewis und William Clark, an denen sich in noch sehr viel stärkerem Maße auch Schmidts zweiter amerikanischer Lieblingsautor Edgar Allan Poe bei der Abfassung seines *Julius Rodman* orientierte. Schmidt erfährt diese Zusammenhänge allerdings erst spät, nämlich 1963 oder 1964, als er im Rahmen der Vorarbeiten zur von ihm mitübersetzten Poe-Ausgabe des Walter-Verlags auf die Tagebücher von Lewis und Clark aufmerksam gemacht wird; er überprüft den Sachverhalt kurz durch eine rasche Querlektüre besagter Tagebücher und äußert sich dann auch in einem seiner Cooper-Texte zu den „Wirkungen eines bei uns wie billig gänzlich ungekannten Buches“, das er sogleich als ein „Buch wie HOMER“ rühmt: „Ihm verdankt ein Großteil der ‹Prärie›=Staffage ebenso ihr Dasein, wie die im ‹Julius Rodman› POE's [...]. Das Original also ein permanentes Gemisch aus Windespfeifen & Grasgewischel; das, wer es einmal vernommen hat, nicht mehr missen möchte.“[104] Der Begriff „Original“ steht hier nicht von ungefähr. Nachdem Arno Schmidt sich rund vier Jahrzehnte an literarisierten Versionen der weiten amerikanischen Prärie ergötzt hat, erfunden oder aus fremden Quellen kompiliert

[104] Schmidt, „Schutzrede für ein graues Neutrum“, a.a.O., S. 349. – Zu den Tagebüchern von Lewis und Clark sowie ihrer Bedeutung für Cooper, Poe und Schmidt vgl. Friedhelm Rathjen, „Die großen Reisenden. Lewis & Clark auf den Fersen“, in ders., *Westwärts. Arno Schmidt und die amerikanische Literatur* (Scheeßel: Edition ReJoyce 2007), S. 33-56; außerdem Friedhelm Rathjen, „Windespfeifen und Grasgewischel“, in Meriwether Lewis & William Clark, *Tagebuch der ersten Expedition zu den Quellen des Missouri, sodann über die Rocky Mountains zur Mündung des Columbia in den Pazifik und zurück, vollbracht in den Jahren 1804-1806*, ausgewählt, übersetzt und herausgegeben v. Friedhelm Rathjen (Frankfurt a.M.: Zweitausendeins 2003), S. 545-587.

von zwei Autoren, die diese Prärie selbst nie gesehen haben, und nachdem Schmidt diese literarisch klischierten Versionen amerikanischer Weite mit den ihm bekannten mitteleuropäischen Landschaften ausstaffiert und in seine eigenen Literarisierungen dieser europäischen Landschaften hereingeholt hat, lernt er mit dem „Windespfeifen & Grasgewischel“ der Tagebücher von Lewis und Clark erstmals eine Darstellung jener Weite aus erster Hand kennen. So gesehen ist es wahrlich kein Wunder, daß Schmidt die Expeditionstagebücher in höchsten Tönen rühmt; ob ihre wohl nur kursorische Lektüre Schmidts eingeschliffenes Bild vom wilden weiten Westen wirklich noch hat verändern können, erscheint allerdings fraglich.

Im Grunde ging es Schmidt vermutlich nie darum, sich ein authentisches Bild von Amerika zu machen, jedenfalls nicht vorrangig. Es ging ihm statt dessen darum, zur Enge des eigenen Lebens und zum allzu engen Umgang mit anderen Menschen, unter denen er schon früh zu leiden begonnen hatte, einen Gegenentwurf zu finden – einen Gegenentwurf nicht unbedingt in Form realer Lebensumstände, sondern eher in Gestalt gedankenspielerischer Gegenwelten. Daß der wilde Westen Karl Mays mit der Realität wenig zu schaffen hatte, war für diesen Prozeß keineswegs hinderlich, denn das, was Schmidt suchte, war weniger Realität als vielmehr Utopie.[105] Mit der gedanklichen Reise ins Weite konnte Schmidt der Enge, die ihn

[105] Vgl. dazu umfassend Stefan Höppner, *Zwischen Utopia und Neuer Welt. Die USA als Imaginationsraum in Arno Schmidts Erzählwerk* (Würzburg: Ergon 2005). Höppner arbeitet heraus, daß „Schmidt, betrachtet man sein Gesamtwerk, stets mit der Größe ‚Amerika‘ als reinem Imaginationsraum arbeitet“ (S. 310). Damit erfüllt Schmidts Amerika im Grunde eine Funktion, die derjenigen von Mays Amerika stark vergleichbar ist, denn auch May benutzt Amerika „als eine entleerte Projektionsfläche, in die sich die heimischen Konflikte in verfremdeter Form einschreiben lassen“ (S. 318).

bedrängte, entfliehen. In *Abend mit Goldrand*, dem späten Dialogroman, in dem Schmidt sich erinnernd mit seinen bedrückenden frühen Kindheitserinnerungen beschäftigt, setzt er auch diese Utopie ins Bild, und zwar in ein Bild, das nun weniger denn je ein Amerikabild ist. Dies geschieht im Rahmen nicht einer Amerikareise, sondern einer „Reise nach der Unendlichkeit":

> Um mich ein weites Land, mit grauem Gewölk. Trübe Büsche, Wiesen, Bäume. [...] / Oben! – : Plattform. Aussicht in ein weites Land; jedoch – (was dies ›jedoch‹ soll, weiß ich nicht) – wimmelnd von grauen (blau=grauen?) Teufeln, die sich mit Menschen beschäftigen; (aber anschein'nd gutmütig). (Ähnlichkeit mit BOSCH=Hintergrund).[106]

Hier können erstaunlicherweise vielzählige Wesen wimmeln, ohne daß es eng wird – die allumgreifende Weite ist erreicht und hebt alle Bedrängung auf.

4. Nähe

In Brigitte Kronauers „Die Weite" ist der Gegensatz zu den weiten Räumen, von denen der Bruder auftrumpfend erzählt, keineswegs eine Enge wie bei Schmidt – wäre es so, so würde dieser Text nicht funktionieren. Enge ist kein positiver Wert, deshalb hätte Schnurrer, wäre er an den Gegensatz von Weite und Enge gebunden, den großspurigen Angebereien seines Bruders nichts entgegenzusetzen. Um diese Angebereien abwehren zu können, muß er deshalb zu einem Trick greifen, zu einer klammheimlichen Umdeutung dessen, was Weite und was ihr Gegenteil ist.

Seinen Tag hat sich Schnurrer von seinem Bruder verderben lassen müssen; aber dann kommt der Abend und damit der Gegenentwurf, der gleichzeitig Gegenwehr ist:

---

[106] Schmidt, *Abend mit Goldrand*, a.a.O., S. 189.

> Erst nach dem ganzen langen Tag, in der Nacht, als er seine Frau festhielt in seinen Armen und sich auch noch andere dabei vorstellte und sich sehr zufrieden dabei fühlte, wurde es etwas besser. Er hatte sie kennengelernt an einem Tisch mit vielen Leuten drumherum, kennengelernt und gleich gewonnen damals, ohne daß irgendeiner etwas merkte, durch eine anspielungsreiche Bemerkung über eine Zigarette. [...] Er hörte die Atemzüge seiner Frau und merkte, daß sie gar nicht schlief. Wer weiß, was sie sich gerade ausmalte, so dicht bei ihm, wer wußte das schon. Aber lagen sie nicht sehr angenehm zusammen und gerade deshalb so eng aneinandergeschmeichelt, weil um die Mauern der wüste Wind aus dem düsteren Grönland heulte?[107]

Brigitte Kronauer und ihr Held führen uns aufs Glatteis. Schnurrer und seine Frau liegen „eng aneinandergeschmeichelt", und kennengelernt hat Schnurrer diese Frau „mit vielen Leuten drumherum", also in einer Situation der Enge. Aber die Enge, in der Schnurrer und seine Frau umschlungen liegen, und auch die, in der sie sich kennengelernt haben, ist nicht jene Enge, die das Gegenteil von Weite ist. Es ist in Wahrheit eine Nähe. Schnurrer tritt nicht für die Einsamkeit ein wie die Erzähler Arno Schmidts und die Helden James Fenimore Coopers, Schnurrer begibt sich unter Menschen und verkehrt mit Menschen auf eine Weise, die auf Nähe zielt. Mit dieser Nähe begegnet Schnurrer jener Weite, mit der sein von Amerika erzählender Bruder großspurig angibt. Und Schnurrer hat Erfolg damit. Sein Bruder ist ihm offensichtlich bereits auf den Leim gegangen, denn er versucht zwar mit der Weite zu trumpfen, aber anfangs hat er sich

---

[107] Kronauer, „Die Weite", a.a.O., S. 54.

auch um Nähe bemüht, als er so sehr darauf pochte, daß Amerika durch die Errungenschaften der modernen Massenfliegerei ganz nah herangerückt sei: „Gar keine Entfernungen sind das heutzutage“[108]. Dieses Buhlen um Nähe seitens des Bruders freilich ist vergebens, die Nähe, die er meint, wird von Schnurrer negiert: „weiter als Grönland konnte sowieso nichts sein“[109] – was eigentlich heißen soll: ferner als Grönland.

Der Trick, dessen sich Schnurrer und seine Autorin Brigitte Kronauer bedienen, ist die raffinierte Überblendung zweier Gegensatzpaare. Das Gegenteil der von Schnurrers Bruder für Amerika behaupteten Weite wäre die Enge, eine Enge, wie sie Arno Schmidt für die frühe Biographie Karl Mays und auch für seine eigene als Charakteristikum benennt – eine solche Enge freilich gibt es bei und für Schnurrer nicht. Schnurrer reagiert daher auf seines Bruders Weite mit Nähe – und der Gegensatz von Nähe ist Ferne, ist Distanz, also etwas, das keineswegs per se so positiv konnotiert ist wie die beschworene Weite. Schnurrers Bruder versucht, das weite Amerika nah heranzuholen, aber die Distanz kann er nicht überbrücken, Amerika bleibt Schnurrer fern. Der Bruder bleibt damit aus Schnurrers menschlicher Nähe, die keineswegs eine Enge ist, ausgeschlossen.

Für Schnurrer, den Nähesuchenden, hat jenes klischierte Amerika der Weite, das sein Bruder ihm auftischt, überhaupt kcinen Reiz. Hierin unterscheidet er sich fundamental von den Erzählern und auch den essayistischen Text-Ichs Arno Schmidts, die zwar keineswegs praktizierende Fernreisende sind, sondern mit Vorliebe in der Nähe ihres Standorts verharren, die aber imaginierend dennoch gern unendliche Weiten als ihr Terrain betrachten. Hinzu

---

[108] Ebd., S. 52.
[109] Ebd.

kommt, daß das Gegensatzpaar von Nähe und Distanz in Schmidts Texten entweder gar keine Rolle spielt oder aber – im zwischenmenschlichen Umgang – sogar entschieden der Distanz das Wort geredet wird: „Das hat mir in den alten Büchern immer gut gefallen, wie da die Kinder ihre Eltern so mit ‹Sie› oder ‹Ihr› abfertigen: Distanzdistanz. Sage mir, wo Du hingehst; und ich geh sofort entgegengesetzt!“[110] Der junge Arno Schmidt hockt bei seinen Eltern in der Enge, also „geht“ er „sofort“ hinaus ins Weite – nicht real, das ist ihm nicht möglich, doch in der May- und der Cooper-Lektüre. Distanz zum beengten Zuhause und eine Welt der Weite findet Schmidt in Amerika, keinem realen Amerika natürlich, sondern einem Klischee-Amerika, das vor allem Platzhalterfunktion hat. Nähe findet Schmidt nicht, weil er danach gar nicht sucht – Nähe findet Brigitte Kronauers Schnurrer, indem er sich Amerika versagt. Auch für Schnurrer ist das Amerika, das er meint, natürlich kein reales, sondern ein Klischee-Amerika mit Platzhalterfunktion; Schnurrers ungeliebtes Amerika steht für all das, was er nicht umarmen kann, weil es dafür zu groß, zu weit, zu fern ist.

Schnurrer und Schmidt gleichermaßen beurteilen Amerika danach, was es nicht ist. Schnurrer erteilt Amerika eine Absage, weil es ihm nicht nah ist; Schmidt heißt Amerika dort gut, wo es nicht eng ist, wendet sich hingegen gegen alles an Amerika, das er für engstirnig hält. Das nicht-nahe Amerika, das nicht-enge, mithin weite Amerika, das engstirnige Amerika: Klischees sind es allesamt, in dreierlei Gestalt.

---

[110] Arno Schmidt, *Julia, oder die Gemälde. Scenen aus dem Novecento*, Bargfelder Ausgabe, Bd. IV/4 (Zürich: Haffmans 1992), S. 57.

Sprechen Sie deutsch?
Arno Schmidts „Seelandschaft mit Pocahontas“ als Fremdsprachentext

Arno Schmidts „Seelandschaft mit Pocahontas“ ist gewiß ein starkes Stück deutschsprachige Literatur, doch das heißt nicht, daß alle Partikel dieses Textes der deutschen Sprache angehören. Viele Details müßten, bevor sich das von ihnen sagen ließe, erst übersetzt werden, denn der Text wimmelt von Einsprengseln aus anderen Sprachen. Es kann kaum verwundern, daß dabei die englische Sprache besonders üppig vertreten ist, mit Titeln (394[1]: „Home as found“; 395: „Girl of the Golden West“; 427: „Nigel's Fortunes“) und Slogans (394: „second sight“; 405: „roundheads“) ebenso wie mit einzelnen Wörtern oder Begriffen ohne feste Provenienz (407: „fading“; 415: „gin mit juice“; 424: „man-worn“; 428: „homespun“; 434: „bulleyes“). Ebenso gibt es im Text aber auch Einsprengsel aus dem Französischen (394: „»Elle est«: »Elle est«“ als Geräusch der Lokomotivventile; 400: „pavillon und culasse“; 422: „certainement“, 436: „souvenir d'amour“), aus dem Italienischen (403: „Avanti“; 404: „eppoi si muove“; 415: „malvagiocchi“) und aus dem Spanischen (398: „que tal“). Lassen sich diese fremdsprachigen Spurenelemente als Migranten aus fremden Räumen lesen, so zeigen schon die Einsprengsel aus einer toten Sprache, dem Lateinischen (393: „compelle intrare“; 395: „cantabit vacuus“; 411: „nuntius sidereus“; 426: „carpe diem“; 435: „Anus Dei“), daß die Migration auch zwischen verschiedenen Zeiten stattfindet; konsequenterweise

---

1 Unter parenthetischer Nennung der Seitenzahl im laufenden Text zitiert wird Arno Schmidt, „Seelandschaft mit Pocahontas“, in Bargfelder Ausgabe, Bd. I/1 (Zürich: Haffmans 1987), S. 391-437.

finden wir also auch noch Elemente aus dem Frühneuhochdeutschen (394: „riuhelîn [...] Heinrich von dem türlîn, Diu Crône“; 416: „vil michel ungebäre“). Weitere Spracheinfärbungen tragen verschiedene Dialekte bei; wir stoßen auf Elemente „aus der Rubrik ‹Oberschlesisches Liebesgeflüster›“ (399), auf Gesächsel (398: „Alde Leute wärn äm ginsch“), auf breites Niedersachsenhochdeutsch (406: „Hoit früh wa sche gar kain Nebel“) und auf vollgültiges Plattdeutsch (433: „Immer grodut“).

Nun ist es aber keineswegs so, daß alle diese Elemente fein säuberlich geschieden vorkommen, sondern sie werden miteinander verquickt zu Wendungen wie der vom „heiligen Weekend“ (393) oder der vom „Busen for beginners“ (405), und gelegentlich kommen sogar so unentwirrbare Polyglottismen wie „Ochone de traitor“ (426) vor. Die verschiedenen Sprachen werden also zwar amalgamiert, aber nicht aufgelöst; das Fremde bleibt fremd, das Vertraute wird damit aufgeladen. Und noch weitere Fremdsprachen dringen in den Text vor, Sprachen, die im strengen Sinne gar keine sind, von Arno Schmidt aber als solche gehandhabt werden: nichtsprachliche Laute und diverse Onomatopoetica. Sprachlich werden nämlich nicht nur die Grenzen zwischen Räumen und Zeiten übersprungen (und gleichzeitig betont), sondern ebenso die Grenzen zwischen der sprachlichen und der nichtsprachlichen Welt, zwischen der Welt der Menschen und der nichtmenschlicher Kreaturen und der unbelebter Geräuscherzeuger. „Dem Tüchtigen ist diese Welt nicht stumm“ (432), zitiert der Erzähler gehorsam herbei, und genau diese Nichtstummheit wird allenthalben miterzählt. Der Text beginnt gleich mit einem geräuschvollen „Rattatá Rattatá Rattatá“ (393), das die Akustik der Eisenbahn einfängt; „ein Düsenjäger johlt“ (402), „Rum rum rumpum“ (407) stolpern die Bauern und ihre Pferdefuhrwerke, „Tucketucketucketucke“ (414) rappelt ein

Motorboot, „Wrumm, wrumm“ (422) ein Motorrad: wohl nicht zufällig werden die meisten dieser onomatopoetischen Sprachsplitter von Fahrzeugen erzeugt, denn in der „Seelandschaft“ geht es um den Transport von hier nach dort, jenen Transport, für den sprachlich die Profession der Übersetzer und Dolmetscher zu sorgen hätte. Und die zweite große Gruppe der Lautspracherzeuger neben den Fahrzeugen bildet in der „Seelandschaft“ die Vogelwelt, die ungemein vielgestaltig auftritt und dies auch klanglich zum Ausdruck bringen darf mit allerlei Varianten, die vom patzigen „Praps, praps, praps“ (434) des Krähenfräuleins bis zum dröhnenden „Üprumb: Üprumbüprumb“ (430) der Rohrdommel reichen.

Von den beiden entgegengesetzten Übersetzungsprinzipien, um die sich Theoretiker und Praktiker gerne streiten – Einbürgerung versus Verfremdung, wie Schleiermacher es nannte –, scheint Arno Schmidt mit Schleiermacher das letztere zu bevorzugen, doch ist nicht wirklich ausgemacht, ob das von seinem Erzähler auch so gewollt ist. Auf die Herzählung diverser Fischbezeichnungen folgt ein gar zu wohlbekannter germanozentristischer Stoßseufzer: „Zobelpleinzen, Jense, Gieben, Halbbrachsen, Alat, Witing, Sandeberl, Kilps, Tabarre, Plieten, Chasol, Döbel, Schnott: Sprechen Sie Deutsch?“ (425) Angemahnt wird, es ist nicht zu überhören, die Übersetzung.

1: Übersetzen

Die Hauptbeschäftigung des Erzählers Joachim mit seiner Pocahontas, die eigentlich Selma heißt, ist während jener Tage, die Schmidts Erzählung schildert, das Durchfahren der titelgebenden Seelandschaft mit dem Paddelboot. Für die Passage vom einen zum anderen Ufer gibt es einen schlichten deutschen Ausdruck, der die Berufstätigkeit jedes Fährmanns bezeichnet: Übersetzen eben. Der erste Anblick des Sees bringt einige Verwirrung, denn „im

Südwesten sah man kein Ufer“ (398), aber natürlich gibt es Ufer rundherum. „Die andere Seite“ (398) ist und bleibt das Ziel; erst wird dieses mit dem Motorrad durch ein Umfahren des Sees erreicht, doch schon bald probiert das paddelnde Liebespaar „in neu erwachter Lust“ aus: „Ma sehn, wie lange wir bis rüber brauchen!“ (415) Dieses sportlich-spielerische Übersetzen ans andere Ufer ist natürlich selbst schon Übersetzung, nämlich als Neugestaltung der Atlantiküberquerungen aus der Story von der Indianerprinzessin Pocahontas und ihren europäischen Eroberern: erst segelt John Smith übers Meer gen Westen, später aber wieder nach Europa zurück, und zwar ohne seine Pocahontas, die die Überfahrt erst Jahre später macht, mit ihrem angeheirateten Stellvertretergeliebten John Rolfe. Welcher der beiden weißen Helden namens John in Schmidts Erzählung durch den Erzähler Joachim verkörpert wird, ist so ganz gewiß nicht.

Es muß aber auch nicht gewiß sein, denn eine Welt der Übersetzungen ist immer eine Welt des schwankenden Bodens. Wenn übersetzt werden muß, heißt das, die Welt ist nicht starr, besteht nicht nur aus einer Sprache, einer Sphäre, einem Hier und Jetzt: es gibt noch ein Anderswo, eine andere Seite, eine andere Welt, mit der es in Verkehr zu treten gilt. Wo es Fremdsprachen gibt, gibt es auch das Phänomen des Fremden an sich; wenn das Fremde ins Vertraute übersetzt werden soll, heißt das auch, daß das Eigene mit dem Fremden verknüpft oder beladen wird. Die Welt der Übersetzung ist eine Welt der beständigen Metamorphosen, und die Pocahontas-Geschichte erzählt von diesen Metamorphosen.

Die Pocahontas-Geschichte, wie Arno Schmidt sie erzählt, ist schon eine übersetzte und damit verwandelte Geschichte, und Schmidt erzählt diesen Übersetzungs- und Verwandlungsprozeß mit. Das Liebespaar, um das es geht, trifft sich an einem Ort, der für beide die Fremde bedeutet; beide haben sie sich von ihrem Zuhause entfernt, und eben damit wird die Verwandlungsgeschichte erst in Gang gesetzt: wer sich bewegt, wechselt die Umgebung, in der er sich befindet, aber mit dieser wechselnden Umgebung verwandelt sich auch schon das Subjekt – Wanderung heißt Verwandlung, und die Frage ist nur, ob diese Verwandlung akzeptiert wird. In der Vorlage des Pocahontas-Stoffes, wie Arno Schmidt ihn kannte, ist es sinnigerweise Pocahontas, deren Aufgabe die ständige Metamorphose ist, während der von ihr gerettete John Smith der bleibt, der er immer schon war: folgerichtig kehrt er in seine Heimat zurück. Pocahontas wird nirgendwohin zurückkehren.

In Schmidts Variante des Stoffes ist ebenfalls die Frau die Verwandelte, doch der Erzähler Joachim wirkt an dieser Verwandlung aktiver mit, als es Captain Smith tut: Joachim ist der eigentliche Verwandler, weil er der Herr über die Sprache, die Worte, die Namen ist (436: „Wo Sie doch für alles Namänn wissänn"), und die Namensmagie ist es ursächlich, die die Metamorphosen des Textes anstößt. Zwar freut sich Joachim anfangs augenscheinlich noch darüber, an den Spruchbalken der Fachwerkhäuser „Namen wie Enneking, Schockemöhle, Kuhlmann" (398) zu entdecken, also Namen mit lokalem Klang, doch seiner Selma Wientge will er gerade diesen Klang austreiben: sie wird sozusagen exotisiert, in der Namensübersetzung verfremdet und erst dadurch für ihn begehrenswert. Das funktioniert natürlich nur, weil Selma dazu bereit ist: sie beherrscht Fremdsprachen, kann nämlich *The Fortunes of Nigel* „ohne Umstände" im Original lesen (427: „der Mund knödelte lautlos an kleinen Stückchen Englisch, die Brille bewegte sich nicht") und sagt notfalls auch schon einmal „Vieles auf Neolithisch" (426). Damit ist sie in den Augen Joachims unbedingt verehrenswerter als etwa Christus, gegen den sein Freund Erich diesen Haupteinwand vorträgt: „Der hat doch nischt gelernt! Kann keene Sprachen“ (432). Sprachen können: das ist die Voraussetzung dafür, sich auf Übersetzungsprozesse einlassen zu können (daß Übersetzungen nach landläufiger Meinung für Menschen gedacht sind, die eben *keine* Fremdsprache beherrschen, ist kein hinreichender Einwand, denn den Übersetzungen der „Seelandschaft“ geht es immer um das Prozeßhafte des Übersetzens selbst und nie um das starre Resultat). Selma erfindet gar „eine vollkommen neue Wischelsprache mit vielen ‹u› und Kopfstößen“ (426); sie tritt damit als eine der wenigen Schmidtschen Heldinnen mit dem sprachbewanderten Erzähler auf eine Stufe, auch wenn sie dann am Ende „der Sprache noch nicht wieder gewohnt“ (430) ist vor lauter Verwandelei.

Um mit fremden Wesenheiten sprachlich in Kontakt treten zu können, ist es nötig, sich aus der Bequemlichkeit des Gewohnten hochzureißen: „über das Rohr eines Giftpilzes gebückt, soll man mit den Unterirdischen sprechen können!“ (435) Es sind also gewisse Verrenkungen nötig, auch Zungenverrenkungen. Die Alteingesessenen des Schauplatzes der „Seelandschaft“ sind dazu freilich gerade nicht fähig:

> Die S-prache in Oldenburg wie in alter Zeit (die Wirtsfamilie näherte sich, Einer löste immer die Andere ab): die Leute konnten kein ‹sch› am Wortanfang aussprechen! Entweder sagten sie ssön oder Skule, sslimm und Gesellskaft. (399)

Diese Stelle führt als Negativfolie ins Zentrum der Namensmagie, wie Schmidt sie in der „Seelandschaft“ handhabt. Selma Wientge entstammt einer alteingesessenen Familie (411: „‹Hannoversches Hof= und Staatshandbuch› Jahrgang 1839. [...] Seite 386: tatsächlich: J. H. Wientge, Copist und Pedell beim Consistorium zu Osnabrück!“), doch sie benimmt sich nicht wie „Seit

200 Jahren“ (411), sondern sie ist „hoch entdeckungslustig“ (414) und damit in der Lage, sich übersetzen zu lassen ans fremde Ufer, ins Land der indianischen Prinzessinnen.

Wenn wir davon ausgehen, daß der ungeliebte Name „Selma“ die beschriebene Verwandlung durch die Aussprachedefekte der Oldenburger hinter sich hat, so wäre er eigentlich zu restituieren als „Schelm(a)“, und damit wären wir im hochgradig metamorphotischen Gefilde der diversen Namen von Pocahontas angelangt. Jenem *Reader's-Digest*-Aufsatz zufolge, den Arno Schmidt kannte und dem er das Gerüst seines Stoffes entnahm, hieß die historische Pocahontas eigentlich Matoaka, wurde jedoch von ihrem Vater stets Pocahontas gerufen, was „the playful one“ bedeuten soll.[2] Für „the playful one“ gäbe es wohl mehrere mögliche Eindeutschungen; in den einschlägigen Büchern der Jugendbuchautorin Anna Müller-Tannewitz (von denen Arno Schmidt zumindest eines kannte) findet sich die Übersetzung „Kleiner Schelm“[3], und schon sind wir in der Tat bei der oldenburgischen Selma angelangt. (Wenn wir übrigens nach dem selben Verfahren wie S-ch-elm-a auch den Namen von Captain John Smith ent-oldenburgisieren würden, so käme Schmith heraus, auszusprechen natürlich wie Schmidt.)

---

2 Vgl. Donald Culross Peattie, „America's First Great Lady“, in *The Reader's Digest* 300 (April 1947), S. 91-94, hier S. 91.

3 Anna Müller-Tannewitz, *Die rote Lady* (Stuttgart: Thienemanns 1958), S. 8. – Dieses Buch erschien für Schmidts Text natürlich zu spät; in Schmidts Bibliothek befindet sich jedoch ein früheres Buch der Autorin zum selben Thema: Anna Müller-Tannewitz, *Pocahontas. Eine Erzählung* (Berlin: Felguth 1948). (Nachweis bei Dieter Gätjens, *Die Bibliothek Arno Schmidts. Ein kommentiertes Verzeichnis seiner Bücher* (Zürich: Haffmans 1991), neue Ausgabe, durchgesehen und erweitert von Günter Jürgensmeier (Bargfeld: Arno Schmidt Stiftung 2003 / im Internet: www.arno-schmidt-stiftung.de/Archiv/Bibliotheksverzeichnis.html), Nr. 425.)

Das Los der historischen Pocahontas war es, daß nicht nur sie selbst nach Europa versetzt wurde, wo sie schließlich starb, sondern daß sie nach ihrer Heirat mit John Rolfe auch noch einen weiteren Vornamen erhielt, nämlich Rebecca. Angesichts dieser Namenswandlung Matoaka – Pocahontas – Playful One – Schelm – Rebecca ist es nur folgerichtig, daß auch die Heldin von Schmidts Erzählung noch weitere Namen und Bezeichnungen erhält. „Im Geschäft nenn' sie mich ‹die UKW-Antenne›" (434), klagt sie, und zumindest eine der Bezeichnungen, die Joachim für sie einfallen, ist zwar ein wenig poetischer, aber im Grunde nicht besser: „meine braune Zikade" (412). Im Vergleich mit solchen Namen, die sich von Selmas ungeliebter Dürrheit ableiten, bedeutet der indianische Name in der Tat eine Erlösung:

> der klopstockische Vorname stand ihr gar nicht. Ich faßte ihre Hände unter Wasser und verbot ihrs mit dem Kopf: kein Wort mehr gegen – »Pocahontas« sagte ich leise (und sie horchte mißtrauischselig den fremden Silben nach; halblaut erklären.). (403)

An den „fremden Silben" findet Selma Gefallen, weil sie mit den nicht-fremden Silben, mit dem vertrauten Namen so unzufrieden ist wie mit ihrer vertrauten und festgefahrenen Existenz. Sie will die Verwandlung, will eine andere werden – und in dieser anderen Existenz freilich auch das eigentlich Eigene entdecken. Sie will sich, kurz gesagt, in sich selbst verwandeln. „»Pocahontas!« Sie verstand bald" (408) – natürlich versteht Selma, denn sie ist offen für Fremdsprachen. Was sie versteht, ist vor allem, daß mit der Namenswandlung auch alles andere sich verwandelt, daß sie wirklich an das Ufer einer anderen Existenz gelangt: „Sattellos auf dem Bug: ritt Pocahontas, mit klebenden dünnen Haaren und blauem Lippenschlitz" (413) – in dieser Szene *heißt* Selma nicht mehr einfach Pocahontas, sondern sie *ist* in der Tat zu einer Indianerin geworden, wie das Paddelboot durch die Wortwahl zum Wildpferd geworden ist. Selma versteht die fremde Sprache der Namenswandlung sehr genau: „wartete ergeben und sehnsüchtig bis ich sie nannte und erlöste: »Pocahontas!«" (416). Erlösung also ist es, Erlösung aus der Starre, die ihre Selma-Existenz ist – nur kann das, was einmal aus der Starre gelöst wird, auch nicht verhindern, daß weitere (nicht immer wünschenswerte) Veränderungen und Verwandlungen folgen werden: „Wenn ich immer nur die Pocahontas sein könnte" (423), das muß ein unerfüllbarer Wunsch bleiben.

Es gibt nicht nur Übersetzungen ins Reiche der Wünsche und des Verlangens hinein, es gibt auch Rückübersetzungen, soviel ist leider ebenso klar. Als Selma einmal einen „Undinentrick" (415) anwendet und damit eine weitere Namensverwandlung heischt, muß Joachim ihr den unterbewußten Wunsch abschlagen durch die Rückkehr in die Realität: „Dabei hieß die Undine in Wirklichkeit Elisabeth von Breitenbauch, 7. 5. 1780 in Minden geboren, heiratete 14. 5. 1800 den Herrn von Witzleben [...]. Fouqués große Liebe." (415) Dies ist eine höchst kontraproduktive Auskunft, denn was heißt hier schon „in Wirklichkeit"? Selma hat es auf eine andere Wirklichkeit abgesehen. Als Joachim sie (während des Höhlenmenschenspiels) versehentlich bei ihrem Realnamen anspricht, herrscht sie ihn an: „Erstens sossdu nich Selma sagen! [...] und dann: wie hießen wir wirklich?!" (421) Joachim muß sich und seine Geliebte also in neue ‚wirkliche Namen' übersetzen; Pocahontas verwandelt sich erneut, diesmal in Pultuke, „ein Wort wie Schokoladenpudding, und wir versuchten gleich, obs mundete: »Pultuke: üss der Luchs schunn woich?«" (421). Der Benenner, der Wort- und Namensübersetzer Joachim erfindet zu den neuen Namen gleich eine neue Sprache und damit eine neue Welt.

Es ist eine Welt der beständigen Metamorphose, der als Lust empfundenen Entgrenzungen. Diese Entgrenzungen sind zuvorderst immer sprachlicher Natur, und nur sprachlich zu fixieren ist auch die Lust der beiden Liebenden: „‹linguistisch› heißt ja wohl ‹mit der Zunge›?“ (427) „Auch ihr Mund schmeckte wieder groß und saftig: wo ihr Haar aufhörte fing Strandhafer an: aber wo war das?“ (429) Die sonst so starren Konturen lösen sich auf: „Graufrühe trat ein: auch an Land schwamm Alles dahin; Bäume trieben über Wiesen“ (430). Nur dann, wenn diese entgrenzende sprachliche Allverwandlung funktioniert, können die beiden Liebenden zusammenkommen, und das notfalls sogar mit ihren bürgerlichen Namen; vorübergehend (bzw. vorübersetzend) verschmelzen sie zu „Selmajoachim“ (426). Was könnte eine weitergehende Übersetzung von Eigenem in Fremdes und umgekehrt, von Vertrautem in Unbekanntes und von Exotischem in Heimisches sein?

Alles unterliegt der Metamorphose, alles wird übersetzt, aber das heißt natürlich auch, daß es nichts Eigentliches gibt, kein Sprechen an sich. Es klingt zwar wie das Vordringen zum Eigentlichen, ist es aber nicht, wenn der Erzähler bemerkt: „und endlich ließen wir alle Oghams und Futharks beiseite, und sagtens uns frei heraus: wie hübsch wir wären, undsoweiter.“ (412) Das Verstummungswort „undsoweiter“ verrät, daß ohne die Fremdsprachen, ohne das Übersetzen nichts mehr geschieht. Wenn Selma-Pocahontas und John-Joachim in Bewegung bleiben wollen, müssen sie sich verhalten wie die Schachfiguren, die „dahinzogen, übereinander sprangen, sich entführten und verwandelten“ (431).

2: Ersetzen

Nun gibt es durchaus verschiedene Arten von Verwandlung, auch von Namensverwandlung. Selma möchte sich in Pocahontas verwandeln lassen, doch nicht immer, wenn das eine durch ein anderes ersetzt wird, steckt ein Wunsch der Betroffenen dahinter. Gleich zu Beginn von Schmidts Erzählung haben „alle Mädchen schwarze Kreise statt der Augen“ (393): nicht, weil sie es so wollen, sondern weil der Erzähler, der sie beobachtet, sie dazu verurteilt. Der „große Marstallhalter“ hat einen Apfelschimmel und nennt ihn „Kranich“ (403): weil er als Besitzer ihn nennen kann, wie er will, und gewiß nicht, weil das Pferd gerne Vogel wäre. Auch die Bezeichnung des Bootes, mit dem Joachim und Selma den Dümmer befahren, ist eine von außen oktroyierte (und zudem jede Individualität tilgende, da formal durchnumerierende) Bezeichnung, die vor allem den Zweck hat, Besitzrechte anzuzeigen: „Unser Boot: Nummer S 5“ (408).

Wer die Herrschaft über die Namen hat, beherrscht auch das, was mit diesen Namen bezeichnet wird; Benennung ist Aneignung. Damit kommen wir auf das Feld des Kolonialismus, das zum Pocahontas-Thema ebenfalls gehört, ist doch die ursprüngliche Pocahontas-Story ein Grundpfeiler der populären angloamerikanischen Kolonialgeschichte. Joachim und sein Freund Erich in Schmidts Erzählung agieren als Eroberer und Kolonialmächte, die in die Fremde hinausziehen, um sich etwas anzueignen. Ziemlich rasch nehmen sie eine „Teilung der Interessensfären“ (400) vor, wie Kolonialisten bei der Landnahme das gern pflegen. Gleichzeitig wird dafür gesorgt, daß die *eigene* Zugehörigkeit unangetastet bleibt, denn die beiden Männer versichern sich der Herrschaft über die eigenen Namen, die sie ganz nach eigenem Belieben einzusetzen pflegen: „Falsche Namen?? –: Aber nur! Fallsde Eene anknallst! Und Ausweise verlangt niemand hier.“ (400)

Das Recht der freien Namenswahl ist ein Recht der eigenen Freiheit, das die Kolonialmacht natürlich für sich in

Anspruch nimmt; das meist damit einhergehende Recht, auch die Namen der Kolonialisierten zu bestimmen, beraubt hingegen diese Kolonialopfer der Freiheit, die auch sie hatten. Wer umbenennt, möchte verdrängen; wer nicht sich, sondern sein Gegenüber umbenennt, möchte seine eigene Herrschaft diesem Gegenüber aufdrängen, dessen Selbstbestimmung aufheben und sich das Freiwild der Benennbarkeit dabei aneignen – das ist Kolonialismus reinster Prägung.

Wer die Sprache beherrscht, beherrscht das, worüber gesprochen werden kann; wer Macht über die Sprache hat, hat zu einem erklecklichen Teil schon die Macht über die sprechbare Welt. Dem Übersetzer kommt in dieser Hinsicht die diffizile Aufgabe zu, seine eigenen Freiheiten gegen die Freiheit dessen, den er übersetzt, auszutarieren, denn mit jeder Freiheit, die sich der Übersetzer erlaubt, werden die Freiheiten des Ur-Textes, der Ur-Namen, der kolonialisierten Eingeborenen beschnitten. Wenn Arno Schmidt es vorzieht, in seiner „Seelandschaft" nicht alles Fremdsprachliche zu übersetzen und nicht alles Fremde der deutschen Sprache einzuverleiben, so gibt er dem Fremden einen Teil seiner Freiheit und seiner Selbstbestimmung zurück – einerseits. Andererseits bleiben fremdsprachige Elemente da, wo sie unverständlich sind, leere Exotismen, haben also gar nichts zu sagen und können deshalb auch nicht über sich selbst bestimmen. Die indianische Prinzessin, so lesen wir im *Reader's Digest*, heißt ‚eigentlich' Matoaka; ob dieser indianische Name irgendeine Bedeutung hat und welche das gegebenenfalls ist, erfahren wir nicht, so daß der Name für uns reines Lautgeklingel bleiben muß; für sogenannte Authentizität bezahlen wir einen hohen Preis, nämlich den der vollständigen Unverständlichkeit. Verstehen können wir hingegen den Kosenamen Pocahontas, weil uns der übersetzt wird, eben als „the playful one" (oder „Kleiner

Schelm“); wenn wir die betreffende Indianersprache selbst nicht verstehen, können wir freilich nicht überprüfen, ob diese Übersetzung korrekt ist. Joachim übernimmt die Bezeichnung „the playful one“, versieht sie aber sofort mit einem besitzanzeigenden Pronomen, weil er versteht, daß die Überführung in eine verständliche Sprache das Objekt der Benennung demjenigen, der diese Sprache beherrscht, zu eigen macht: „und immer Pocahontas im Auge, my playful one“ (424). Die vollständige Aneignung der Pocahontas durch die Kolonialmacht erfolgt dann schließlich durch ihre Taufe und die Zuweisung des neuen Namens Rebecca; es ist dies ein Name, der von den Namensgebern willkürlich gewählt ist, und zwar offenbar ungeachtet irgendwelcher inhaltlicher Überlegungen: der Name Rebecca hat keine Bedeutung, die uns heute noch bekannt wäre, und folglich kann der neubenamsten Pocahontas auch nicht übersetzt werden, wie sie jetzt heißt. Das einzige, was ihr mit der Umbenennung begreiflich gemacht wird, ist, daß die Verfügungsgewalt über sie in fremde Hände übergegangen ist.

Pocahontas ist mit diesem Schicksal nicht allein, sondern sie steht in einer langen Reihe von Frauen, die mehr oder weniger freiwillig dem Kolonialisten zu Diensten waren, in einen neuen Kontext übersetzt wurden und dann dafür bestraft wurden, indem sie von den Kolonialisten als Mittel zum Zweck mißbraucht, von den Kolonisierten hingegen als Verräterinnen gebrandmarkt wurden. Natürlich ließen sich auch Männer finden, die in ähnlicher Weise gewirkt haben (oder instrumentalisiert wurden), doch wenn es um Frauen geht, bekommen die Vorwürfe eine besondere Schärfe, und dies offensichtlich, weil die Konzepte von ethnischem Verrat und geschlechtlicher Treulosigkeit miteinander verquickt werden: „the concept of betraying one's race through sex and sexual politics is as common as corn."[4] Vor allem aus nationalistisch-chauvinistischer Perspektive werden diese Frauen gerne als Platzhalter für globale Schuldzuschreibungen benutzt; sehr schön dargestellt findet sich das im *Ulysses* von James Joyce zu Ende der dritten Episode, als der Schulrektor Mr. Deasy dem jungen Stephen Dedalus seine reaktionäre Geschichtsphilosophie predigt:

> A woman brought sin into the world. For a woman who was no better than she should be, Helen, the runaway wife of Menelaus, ten years the Greeks made war on Troy. A faithless wife first brought the strangers to our shore here, MacMurrough's wife and her leman O'Rourke, prince of Breffni. A woman too brought Parnell low.[5]

Daß diese Schuldzuweisungen funktionieren, liegt ganz offensichtlich daran, daß diese Frauen keine eigene Stimme haben, sondern immer nur als sprachlose Objekte in den Geschichten von Männern vorkommen. Dabei stimmt das mit der Sprachlosigkeit gerade im Falle der verschiedenen Indianerinnen nur im übertragenen, oft aber nicht im konkreten Sinne, denn paradoxerweise haben mehrere von ihnen ihre Dienste am fremden Kolonialisten als Dolmetscherinnen verrichtet: die vielgescholtene Malinche war Dolmetscherin (und offenbar Geliebte) des Conquistadors und Aztekenschlächters Hernán Cortez; Sacajawea übersetzte für die beiden Entdecker Lewis und Clark und ihre Männer bei deren erster Landquerung Nord-

---

[4] Cherríe Moraga, *Loving in the War Years* (Cambridge, MA: South End Press 1983), zitiert nach Monique Mojica, *Princess Pocahontas and the Blue Spots. Two Plays* (Toronto: Women's Press 1991), S. 12 u. 21.

[5] James Joyce, *Ulysses*, hg. v. Hans Walter Gabler (Harmondsworth: Penguin 1986), 2.390-394.

amerikas. Malinche und Sacajawea freilich hinterließen keinerlei eigenes Zeugnis – sie stellten ihre Sprachkenntnisse ganz in den Dienst ihrer männlichen Gebieter. Erst nachträglich (und eher symbolisch denn real) lassen sich diese Frauen eigene Stimmen geben, so beispielsweise durch die Schriftstellerin Monique Mojica, die in ihrem Stück *Princess Pocahontas and the Blue Spots* die vielfach mißbrauchte Malinche klagen läßt: „They say it was me betrayed my people. It was they betrayed me!“[6]

Monique Mojica benennt in ihrem *Pocahontas*-Stück kurz und prägnant, was mit diesen Frauen geschieht, als sie von den Eroberern mit fremden Kleidern behängt werden:

> Draped in ribbons, lace and flowers
> we are carried through the streets
> Stripped – of our names
> and our light[7]

Ohne ihre alten Namen sind diese Frauen nackt. Wenn sie dann freilich einen neuen Namen bekommen, ist dieser neue Name nicht etwa ein neuer Schutz, sondern er ist eine zusätzliche Last – etwas, das es zu tragen gilt. Im Tragen von Bürden sieht Mojica die eigentliche Funktion, die diesen Frauen zugewiesen wird:

> We carry,
> cloth / beads / des miroirs / des épingles / des aîguilles
> for the other people that we meet and we trade them for their pelts;
> Amisk / nigik / wachusk / sagweesoo / ateek / moosa.
> Beaver / otter / muskrat / marten / mink / moose.
> I speak for them when they have no words.

---

6 Mojica, *Princess Pocahontas*, a.a.O., S. 22; ähnlich S. 24.
7 Ebd., S. 37.

> We portage with the canoes on our backs [...]
> We portage, we portage.
> We birth the Métis.[8]

Frauen wie Pocahontas tragen nicht nur die fremden Namen, die ihnen zugewiesen werden, sondern sie tragen den Fremden ihre Lasten – sie tragen ihnen die Boote, wo die Boote den Menschen nicht mehr tragen können, und sie werden selbst zum Boot, indem sie den Fremden übersetzen. Und schließlich tragen sie dem Fremden noch sein Kind aus.

Wenn sie freilich meinen, sie könnten dem Kolonialisten als Mütter von dessen Kindern wenigstens auch vollwertige Frauen sein, so sehen sich diese Indianerinnen allerdings getäuscht, denn als Ehefrauen werden sie nur akzeptiert, solange bei den weißen Kolonialisten die Männer unter sich sind. Selbst in der verniedlichenden Version des *Reader's Digest*, die aus der kolonialistischen Perspektive geschrieben ist, kommt kaum verhüllt vor, daß die Indianerinnen nur Platzhalterinnen sind:

> This international marriage [zwischen Pocahontas und John Rolfe] insured an era of peace between red man and white, and the colony of Virginia took firm root. As the great plantation system was established, wealth came to the colony. A "wife ship" brought out marriagable women to provide mates and children for the men. It was Pocahontas who had made it safe for her white sisters in her native land.[9]

Was nach der Ankunft der weißen, der ‚richtigen' Ehefrauen geschieht, beschreibt Mojica in ihrem *Pocahontas*-Stück unter dem Label „turning off":

[8] Ebd., S. 44.
[9] Peattie, „America's First Great Lady", a.a.O., S. 93.

> I am – I was married to James Johnston for fifteen years. [...] Two days! They left me only two days to get out. Fifteen years null and void! Null and void in two days! [...] So, when the White women came, "Les filles du roi", these women, who were the wives and daughters and granddaughters of the founders of this country – were no longer women.[10]

Die Pocahontas-Ehe also ist nur ein Kolonialistenspiel auf Zeit; wenn die Eingeborene einen neuen Namen bekommen hat, wenn sie Ehefrau genannt wurde, wenn ihr ewige Bünde versprochen wurden, so lassen sich all diese Namen und Sprachregelungen auch wieder über den Haufen werfen – weil eben die Namensgebung nichts weiter ist als ein Aneignungsakt, und wer sich etwas aneignet, kann so frei darüber verfahren, daß er dieses Eigentum auch wieder von sich stoßen kann. Durch Benennungen, durch Namensgebungen, durch Prozesse des Übersetzens und Übertragens gewonnene Identitäten sind also nicht von Dauer. Dies ist die Kehrseite des alle Starre von sich Weisenden, des Nichtstatischen, des Metamorphotischen aller Übersetzungsprozesse: die Metamorphose geht immer weiter, und nichts kann immer bleiben, wie es ist. Vor diesem Hintergrund sind die virulenten Zukunftsängste zu verstehen, in die das Glück der beiden Liebenden in Arno Schmidts „Seelandschaft" getränkt ist. Selma will von Joachim unbedingt wissen, wie sie „wirklich" heiße (421), aber Joachim kann nur Namen auf Zeit geben. Vergeblich wünscht sich Selma: „Wenn ich immer nur die Pocahontas sein könnte" (423). „Die Ewigkeit ist nicht unser (trotz Lessing!)" (424): so lautet eine der härtesten Wahrheiten des Textes.

---

[10] Mojica, *Princess Pocahontas*, a.a.O., S. 46 f.

Alles ist veränderlich und damit alles vergänglich, natürlich. Selbst die Seelandschaft, die Umgebung, in der Joachim und Selma ihre Liebe spielen, ist kein Schauplatz von Dauer. „Ein Hügelland: Thyle I, Thyle II“ (424) – eine Welt legt sich über die andere und verdrängt sie, ist später höchstens als tote archäologische Schichtung noch ermittelbar. Auch der See hat sich verändert – „Aber nun ernsthaft vom größeren Eiszeitdümmer: dreimal so lang war er!“ (422). Neue Kolonialisten mit neuen Sprachen und neuen Namen werden kommen, alte werden der Vergessenheit anheimfallen.

3: Setzen

Der Versuch, diesen ständigen Veränderungen entgegenzuwirken, ist die Seßhaftigkeit – das Be-Setzen und Be-Sitzen der Räume und Zeiten. Als erstarrte Lebensweise ist die Seßhaftigkeit das Gegenbild zum Nomadismus, und in dieses Gegensatzpaar können wir, wenn wir wollen, auch die gegenteiligen Existenzweisen der amerikanischen Ureinwohner Nordamerikas und der europäischen Eroberer einfügen, wobei sich allerdings eine Art Überkreuzstellung ergibt, eine Gegenläufigkeit äußeren und inneren Verhaltens. Die Europäer, ihrer Zivilisation entsprechend eigentlich seßhaft geworden, verlassen ihr Zuhause und ziehen in die Fremde; sie werden also zu Migranten, freilich mit dem Ziel, sich am neuen Ort (in der Neuen Welt) wiederum niederzulassen und ein Leben aus eigenem Recht und ganz nach den eigenen Wertvorstellungen einzurichten. Die Indianer hingegen, weitgehend nomadisierende Ethnien, die für dieses Nomadisieren freie Räume brauchen, werden um diese Freiräume gebracht und schließlich in Reservate eingepfercht. Paradoxerweise sind also die Eroberer, wiewohl sie sich räumlich bewegen, auf starre Strukturen aus, und dies auch im Sinne rassistischer und ethnozentristischer Abgrenzungen, während die Opfer des Kolonialismus, die äußerlich bleiben, wo sie sind, zu Flüchtlingen und Ausgestoßenen werden. In Arno Schmidts „Pocahontas"-Erzählung findet beides seine Entsprechung.

Gleich zu Beginn der Erzählung erwähnt der Erzähler seinen „Flüchtlingsausweis" (393) und gibt damit zu erkennen, daß er zu den Migranten gehört, zu denen, die keine Heimat (mehr) haben. Als er später die Aufschrift auf seinem aus Militärbeständen stammenden Handtuch erklären muß, stöhnt und jammert er, dieses Handtuch sei „die Gegenleistung des Deutschen Reiches für 6 der besten Jahre meines Lebens und ein komplettes Haus im Schlesischen" (427). Sein Freund Erich hält mancherlei, worüber in der Zeitung berichtet wird, für überflüssiges Gaudium, und fordert: „Sollten fürs Geld lieber Flüchtlingsheime bauen" (431). Flüchtlings-Heime aber sind schon von den Wortbestandteilen her ein Widerspruch in sich; der wahre Flüchtling hat nie ein Heim, vielleicht abgesehen von den „Baracken unserer Köpfe, haunted palaces" (434). Die einzig verbliebene Heimat hat ihren Ort im Kopf; vielleicht lassen sich dann aber auch die einzig wahren Reisen nur noch im Kopf durchführen.

In der Gegend, in die Schmidts Helden geraten, legt man Wert darauf, daß hier ‚die Welt noch in Ordnung' sei, wie es so schön heißt. Der Heimatkundler verweist auf frühe Formen hiesiger Seßhaftigkeit, worauf der Flüchtling Joachim sofort mit Unglauben reagiert: „Was der Alte allerdings ständig von Pfahlbauten faselte, war blanker Unsinn" (419). So recht durchhalten kann er diesen Unglauben nicht, muß jedenfalls zugeben, daß es am Dümmer schon in der Vorzeit Formen vorn Seßhaftigkeit gegeben habe – „Und um den [See] lagen diese einzelnen Blockhäuser" (422) –, nur gibt es eben keine Kontinuität zwischen dieser frühen und der jetztzeitlichen Seßhaftigkeit, da die frühen „Bewohner mit Germanen noch nichts zu tun hatten, wie sich Herr Reinerth vorschriftsmäßig einbilden mußte.“ (422) Der Versuch, ein rassistisch definiertes Kontinuum und damit dauerhafte ethnische Reinheit zu stiften, ist also zum Scheitern verurteilt, weil sich bei der Übersetzung des Topos ‚Seßhaftigkeit‘ über die Zeiten hinweg Sprachen, Namen und Inhalte munter verändert haben: das Metamorphoseprinzip der Fremdsprachigkeit, die Übersetzungsprozesse notwendig macht, schlägt die Sehnsucht einsprachiger und einfältiger Sturköpfe danach, daß sich etwas bewahren ließe.

Ein Bleiben am festen Ort ist nicht nach dem Geschmack des Erzählers. Als ein Gastwirt ihn und seinen Freund „zum Bleiben aufzumuntern“ sucht, und das noch mit dem Hinweis auf vielköpfige Gesellschaft („heute Abend kämen noch 200 Zelte her!“), ergreift Joachim reflexhaft die Flucht auf die „andere Seite“ (398); als er einmal über ein besonders eklatantes Beispiel sinnentleerter moderner Seßhaftigkeit stolpert, nämlich eine Fabrikantenvilla, die (als besseres Wochenendhaus) „natürlich 350 Tage im Jahr leer“ steht (412), ergeht er sich in wüste Beschimpfungen. Ganz unterdrücken kann der Heimatlose seinen Neid allerdings auch nicht: „cha, wenn man so was hätte, Mädchen!!“ (412)

Was Joachim sich als Heimstatt für sich und sein „Mädchen“ wünscht, das entwirft er an anderer Stelle: „allein sein, Seebesitzer, und alles Land 5 Kilometer im Umkreis unser: Wald, Moor, und bloß unsre weiße Villa!“ (425) Es geht also um eine Seßhaftigkeit in der Selbstisolation von anderen Menschen. So ganz unrealistisch scheint das gar nicht mal, wenn auch die Vorzeichen, unter denen derlei in den Blick gerät, recht düster sind: „Nach m nächsten Krieg iss es soweit: da lebt man wieder in Wohngruben; alle 100 Meilen Einer: Du erlebsts noch“ (425). Unser sprachmächtiger Erzähler und die von seiner Sprachmächtigkeit verwandelte Geliebte wünschen sich eine Heimstatt, die sie aus der Verstrickung mit den Horden der Menschen löst, also aus jenen Kommunalismen, ohne die es auch keinen Kolonialismus geben könnte: Nationalismus, Tribalismus, Rassismus. Pocahontas, die den Tribalismus ihrer Zugehörigkeit durchbricht, wird dafür von ihrer eigenen Ethnie zur Verräterin gestempelt – und vom Rassismus der fremden Kolonialisten wird sie in der umbenennenden Aneignung mißbraucht, zum Werkzeug der Weltunterwerfung degradiert. Gäbe es keine Kommunalismen, so würde sich die Frage nach Zugehörigkeit und Verrat gar nicht erst stellen: eine solche utopische Welt ist es, nach der in Schmidts Erzählung Joachim und Selma streben. Joachim, der ruhlose Flüchtling und Landfremde, wählt sich freiweg die seßhafte Hoferbin Selma zur Geliebten, und sie wählt ihn. Nach den Gesetzen der Zugehörigkeit ist das verboten – nach diesen Gesetzen hätte Joachim sich die dralle Annemie aussuchen müssen, die wie er Vertriebene ist, heimatlos. Freilich fehlt es ihr an der inneren Beweglichkeit, die für die Migrationen, um die es jenseits aller äußerlichen Ortswechsel geht, die notwendige Basis darstellen. Selma ist in der Lage, sich zu verwandeln und, indem sie des Erzählers Umbenennungen akzeptiert, mit ihm an fremdeste Orte zu fliehen; ihre handfestere Freundin, die sich auf den jovialen (und *nicht* heimatvertriebenen) Erich einläßt, bringt diese Fähigkeit keineswegs auf – der sogenannte Realismussinn von Erich und seiner Kurzzeitfreundin ergeht sich in dem ignoranten Ausruf: „für uns genügt ‹Annemie› ooch, was?“ (410)

Unter den Notizzetteln zur „Seelandschaft“ findet sich einer, den Arno Schmidt aus begreiflichen Gründen nicht in die fertige Erzählung aufnahm, der er all zu plakativ verkündet, was auf unaufdringlichere Weise in den Text

Eingang finden sollte. Der Zettel entwirft ein Gespräch zwischen Selma und dem Erzähler:

> „Was für ein Landsmann bistu eigentlich?“ „Ich bin aus keinem Lande.“ Sie sann und sah an der Zimmerdecke nach. „Bistu Christ?“ „Ich habe keine Religion.“ Sie runzelte plötzlich die Stirn, griff nach dem Schienbein, und zog sich ein grauseidnes Hautstückchen ab; fingerschmal; klagte. „Wohnstu weit weg?“ „Wo mich der Zufall hin führt.“ Die Füße, 2 lange Klinker, standen aufrecht da. „Wovon lebst Du denn?“ „Was mir das Glück in den Weg führt“ Eine Magd galoppierte im Korridor; plumpste dann treppab. „Befiehlt Dir denn Niemand?“ „Die Kunst. – Wenn ich Lust habe, ihr zu gehorchen.“ Sie leckte sich unbehaglich; Kunst. „Was gehört Dir denn dann?“ – „Freiheit. Ich zwinge Niemanden, gehorche Niemandem. Lebe wo ich will und wie ich kann. Wenn mein Tag kommt, sterbe ich.“[11]

Mit diesem (wie gesagt: leider unerträglich plakativ vorgetragenen) Credo schwingt sich Joachim so heftig zu einem Verfechter des wurzel- und bindungslosen Migranten auf, daß er sich hinter einem Salman Rushdie wahrhaftig nicht zu verstecken bräuchte. Dabei ist allerdings nicht zu übersehen, daß Joachim ursprünglich keineswegs ein Migrant und Wanderer aus freien Stücken war. Er hat eine Weltreise ‚auf deutsche Art‘ hinter sich, wie er bitter

---

[11] Edierte Teilversion von Arno Schmidts Entwurf für das Text-Foto XIV zur „Seelandschaft mit Pocahontas“, in Susanne Fischer u. Bernd Rauschenbach (Hg.), *Arno Schmidts „Seelandschaft mit Pocahontas“. Zettel und andere Materialien* (Zürich: Haffmans 2000), S. 94. – Das schließlich anstelle dieses Entwurfs eingesetzte Text-Foto XIV schildert pikanterweise das gemeinschaftliche Auspacken von Selma und Joachim in ihrem gemeinsamen Zimmer, also einen Akt des Sicheinrichtens, der beginnenden Seßhaftigkeit!

beklagt: „in halb Europa gab es keine Stelle, wo uns nicht Silbergeränderte zusammengebrüllt hätten“ (396). Damit parallelisiert er sich mit dem John Smith aus der *Reader's-Digest*-Version der „Pocahontas“, von dem es nämlich heißt: „Behind him lay a decade of adventuring and soldiering over half of Europe – fighting against the Turks, suffering capture and slavery, finally escaping to England.“[12] So gesehen verbirgt sich hinter dem ‚Nichtlandsmann‘ Joachim dann doch ein Kolonialkrieger und zumindest potentieller Rassist. Seine „ersten Kriegserinnerungen“ sind durchweg an fixierbare Orte gebunden – „die schnellfingrigen Polen; das flohreiche Hagenau; Norwegen mit seinen gottlosen Granitpolstern“ (396) –, und der fremdenfeindliche Reflex, der im ersten Element der Dreieraufzählung steckt, ist schwer zu überlesen. Hier mag auch die latente Slawophobie Arno Schmidts durchschlagen, die sich in seiner Erzählung nicht zuletzt in der durchgängig sehr abfälligen Zeichnung der Halbslawin Annemie (399: „klein und bauerndrall; rotgestickter Mund in talggelbem Slawengesicht; [...] »Ah, Pieronje bei Gleiwitz« erkannte Erich angeregt die Nationalität“) äußert.

In solchen Situationen zeigen sich beim Erzähler (und womöglich beim Autor Schmidt) deutschtümelnde Reflexe: „Fische!: Zobelpleinzen, Jense, Gieben, Halbbrachsen, Alat, Witing, Sandeberl, Kilps, Tabarre, Plieten, Chasol, Döbel, Schnott: Sprechen Sie Deutsch?“ (424) Unter den erhaltenen Arbeitsmaterialien zur „Pocahontas“ findet sich ein kleiner Zettel, der offenbar hier anzuschließen ist:

> <u>Pocahontas</u>
> <u>Fischnamen</u> alle aus d. <u>Slawischen</u>[13]

---

[12] Peattie, „America's First Great Lady“, a.a.O., S. 91.

[13] Fischer u. Rauschenbach (Hg.), *Arno Schmidts „Seelandschaft mit Pocahontas“*, a.a.O., S. 165.

Ganz offensichtlich wird hier ein untergründiges Gegensatzpaar im Text installiert, nämlich das zwischen Fischen auf der einen und den fast allgegenwärtigen Vögeln auf der anderen Seite. Die Fische tragen Namen, die (angeblich) alle aus dem Osten stammen und damit jener unterschwelligen Ablehnung unterliegen, der auch Annemie ausgesetzt ist; zudem sind Fische bekanntlich stumm, können also an der in fremde Räume und Zeiten übersetzenden Namensmagie, die sich über das Aussprechen flüchtiger Laute vollzieht, nicht teilhaben. Ganz anders steht es natürlich um die vielen Vögel des Textes, die alle munter Laut geben. Unter den Vögeln gibt es bekanntlich in großer Zahl Migranten, die Zugvögel (ihr Zug ist transportmächtiger und gleichzeitig auch wandlungsfähiger als der, mit dem Joachim am Schauplatz der Erzählung erscheint). Die Vögel sind Urbild der (Vogel-)Freiheit, die das Gegenbild von Zugehörigkeit, Seßhaftigkeit und überhaupt jeder heimattümelnden Starre ist. Ihr Element ist die Luft, ein Element in ständiger Bewegung und ständiger Wandelbarkeit; die Luft ist das Element, das Joachim gefällt, zudem es seine Verachtung für das „bigotte Rheinland" zu teilen scheint: „selbst der Wind hat es eiliger, wenn er durch Köln kommt" (394). Und in den Lüften gelingt den Vögeln die freieste aller denkbaren Bewegungen, nämlich der alle Verwurzelungen hinter sich lassende Flug, der vom Wortstamm her (und im Englischen sogar im präzisen Zusammenfallen der beiden Bedeutungen von *flight*) mit der Flucht eng verwandt ist, wie wir zumindest aus der Lektüre der Romane von James Joyce (vor allem von *A Portrait of the Artist as a Young Man*) und Salman Rushdie (besonders *Shame*) wissen.[14]

[14] Vgl. dazu Friedhelm Rathjen, „Literatur der Migration: Joyce und Rushdie", in *Merkur* 565 (1996), S. 367-371, Nachdruck in ders., *Dritte Wege. Kontexte für Arno Schmidt und James Joyce* (Schee-

Als Flüchtling, Migrant und Freiheitsverfechter darf der „Pocahontas"-Erzähler sich durchaus mit den Vögeln im Bunde fühlen.

Schmidts „Seelandschaft" ist eine Erzählung vom In-Bewegung-Sein, von Wandlung, Wanderschaft und dem ständigen Unterwegs als einziger Heimstatt. Viele verschiedene Formen des Unterwegsseins werden im Text zum Thema, das Fahren und das Reisen und das Fliehen. „Ich glaub, an den Kleiderbügeln einer Familie kann man alle ihre Wanderungen und Migrationen ablesen" (427), so steht es im Text, und das Wörtchen „ablesen" ist wortwörtlich zu verstehen, denn wir lesen sie ja, all diese „Wanderungen und Migrationen". Im Text präsent ist der „Urlaub" (411) und die „Geschäftsreise" (398), ein „Fernfahrer", ein „Textilreisender", ein „Chauffeur" (418), dazu manches Utensil des Unterwegsseins, etwa das „Reisebügeleisen" (427), und außerdem (wie eingangs schon erwähnt) eine Fülle von Fahr- und auch Flugzeugen. Im Bahnhof erblickt der Erzähler „die Touropa-Plakate" (396) und assoziiert sogleich seine eigene Weltreise alla tedesca durch „halb Europa": Vergnügungs-, Dienst- und Eroberungsreise wirbeln als Phänomene munter durcheinander.

Auf einer schlichten und prosaischen Ebene sind Selma und Annemie nichts anderes als das, was früh im Text „Ausflugsmädchen" (393) heißt. Die seltsame Vokabel vom Ausflug steht für eine Art der Reise, bei der man stets sicher an den Ausgangspunkt zurückkehrt – kein

---

ßel: Edition ReJoyce 2005), S. 127-135; sowie Friedhelm Rathjen, „Salman Rushdies Modell einer Literatur der Migration", in *Das Argument* 215 (1996), S. 395-403, Nachdruck u.d.T. „Metapher für die gesamte Menschheit. Salman Rushdies Modell einer Literatur der Migration" in ders., *Crisis? What Crisis? Handreichungen und Fußnoten zur Weltliteratur* (Scheeßel: Edition ReJoyce 2010), S. 85-99.

metamorphotisches wildes Herumstreifen, sondern ein rundum durchorganisiertes „Hinaus – – hinein“ (425). Der Ausflug ist ein Flug mit angezogener Handbremse, ein Flug auf Zeit und womöglich nur ein simulierter Flug, häufig durchgeführt von Menschengruppen, so daß gar nicht erst das falsche Gefühl der Vogelfreiheit aufkommen kann. Von einem solchen Ausflug wird auch in Schmidts „Pocahontas“-Text erzählt. „3 Autobusse mit den Schulklassen“ (405) kommen angerauscht, ‚fallen ein‘, wie eine verbreitete Vokabel für solche Horden heißt, und spielen somit die von der Überlegenheit der eigenen Rasse überzeugten Kolonialisten. Was die Schulklassen besichtigen, das ist sinnigerweise die Vogelausstellung, und nun kommt es zu einem höchst ironischen und dabei im Grunde tieftraurigen Umschlag der Verhältnisse. Die Vögel, eigentlich dem luftigen Reich der Freiheit angehörig und dort Meister des Flugs, fliegen gar nicht mehr, denn sie hocken ja leblos und ausgestopft in ihren Vitrinen. Als Ausflügler ohne Flügel nähern sich ihnen die Schüler, verstehen sich nicht aufs Dolmetschen; „Mädchen miauten vor Vergnügen“ (405), was nichts anderes heißt, als daß sie eine falsche Fremdsprache anwenden[15]; und die Magie der Namensgebung ist ihnen selbstredend auch nicht im geringsten beherrschbar: „Nain. –: Nain – –: Auch nich! – – –: Die Trauerseeswalbe!!“ (405)

Der Dümmer muß zum Trauersee werden, weil sich der Impuls, sich in einen Zugvogel zu verwandeln, und derjenige, den Augenblick zu bewahren, nicht vereinbaren

[15] Schmidts erster Einfall hatte noch gelautet: „Die Schulmädchen miauten und zwitscherten“ (Fischer u. Rauschenbach (Hg.), *Arno Schmidts „Seelandschaft mit Pocahontas“*, a.a.O., S. 27, Zettel 195) – aber natürlich mußte Schmidt das Zwitschern streichen, weil sich die Ausflügler eben nicht auf die Künste der Fliegenden verstehen.

lassen. Der Augenblick lebt nur fort in Übersetzungen, in Gestalt von Namen, Worten, Surrogaten und Ersatzhandlungen. Was bleibt, bleibt nur da, wo sich diese Namen und Worte und die damit verbundenen Erinnerungen verstauen lassen, und entsprechend endet die „Seelandschaft“, nun wieder ohne Pocahontas: „Mein Kopf hing noch voll von ihren Kleidern und ich antwortete nicht.“ (437)

Astreiner Entdeckerschinken
Ist Arno Schmidts *Gelehrtenrepublik* antirassistisch?

Am 7. Februar 1957 bekommt Arno Schmidt vom Ullstein-Verlag den Expeditionsbericht *Das Dorf der Zauberer* von Hassoldt Davis zur Übersetzung angeboten; am 13. Februar nimmt er das Angebot an[1], obwohl er das Buch privat als „astreinen Entdeckerschinken aus dem dunkelsten Afrika“[2] ziemlich abkanzelt. Ende Mai hat Schmidt seine Übersetzung fertig[3], etwa acht Wochen hat er dran gearbeitet – das klingt nach Schnellarbeit, ist es aber für Schmidts Verhältnisse nicht, denn beispielsweise seine erste Übersetzung überhaupt, die Unterhaltungsschmonzette *Der weiße Süden* von Hammond Innes, diktierte er seiner Frau in bloßen 24 Tagen direkt in die Maschine[4], und entsprechend schludrig fiel jene Übersetzung auch aus.

---

1 Vgl. Arno Schmidt, *Der Briefwechsel mit Eberhard Schlotter. Mit einigen Briefen von und an Alice Schmidt und Dorothea Schlotter*, hg. v. Bernd Rauschenbach (Zürich: Haffmans 1991), S. 35 (Anmerkung des Herausgebers zu Brief Nr. 12 v. 8.3.57).

2 Arno Schmidt, *Der Briefwechsel mit Wilhelm Michels. Mit einigen Briefen von und an Elfriede Bokelmann, Erika Michels und Alice Schmidt*, hg. v. Bernd Rauschenbach (Zürich: Haffmans 1987), S. 64 (Nr. 64 v. 16.2.57).

3 Vgl. Arno Schmidt, *Der Briefwechsel mit Alfred Andersch. Mit einigen Briefen von und an Gisela Andersch, Hans Magnus Enzensberger, Helmut Heißenbüttel und Alice Schmidt*, hg. v. Bernd Rauschenbach (Zürich: Haffmans 1985), S. 118 (Nr. 131 v. 23. Mai 1957).

4 Vgl. Friedhelm Rathjen, „IRAS auf Eis. Arno Schmidt (üb)ersetzt Hammond Innes“, in Kurt Jauslin (Hg.), *Zettelkasten 7. Aufsätze und Arbeiten zum Werk Arno Schmidts. Jahrbuch der Gesellschaft der Arno-Schmidt-Leser 1989* (Frankfurt a.M.: Bangert & Metzler 1989), S. 37-61, hier S. 37.

Die Hassoldt-Davis-Übersetzung ist weit weniger schludrig, wenn auch naturgemäß nicht ganz tadellos – es fallen bei der vergleichenden Lektüre immerhin keine groben Ungereimtheiten auf, Schmidts Fassung ist insgesamt verläßlich, und zudem bemüht sich Schmidt erkennbar, die sehr muntere, journalistisch-umgangssprachliche Stillage des Originaltextes zu bewahren, auch wenn Schmidt nicht gar so flapsig formulieren mag wie Davis. Wo von Automobilen die Rede ist, unterlaufen dem Nichtautofahrer Schmidt ein paar Verständnisfehler, aber das macht nicht wirklich was; auch bei Beschneidungspraktiken kennt Schmidt sich nicht wirklich aus, macht sich aber rasch in *Meyers Großem Konversations-Lexikon* kundig und reichert den Davis-Text klammheimlich mit kleineren erläuternden Dreingaben an. So weit, so gut.[5]

Aber damit ist der Fall noch nicht erledigt. Im Sommer 1957 schreibt Schmidt in halsbrecherischem Tempo seinen Roman *Die Gelehrtenrepublik*, ein etwas science-fiction-ähnliches Ding, das zum Teil in einem atomar verseuchten, von Mutationen bevölkerten Nordamerika spielt und zum restlichen Teil auf einer schwimmenden Künstlerinsel im Pazifik, die ein karikaturhaftes Abbild der Kaltkriegskonfrontation bietet. Wer Schmidts Arbeitsweise kennt, wird sich nicht wundern, daß die zuvor erledigte Übersetzung auf den Roman abfärbt. Schon das Grundgerüst beider Bücher ist vergleichbar; in beiden berichtet ein munterer Journalist von einer Reise durch weithin unbekanntes Gebiet; Ziel dabei ist das jeweils im Titel genannte legendenumwobene kulturelle Rüst-

[5] Zur Qualität der Davis-Übersetzung und auch detailliert zu ihrem Entstehungsprozeß vgl. Friedhelm Rathjen, „Gegenzauber im Hominidenstreifen. Arno Schmidt (üb)ersetzt Hassoldt Davis“, in Rudi Schweikert (Hg.), *Zettelkasten 26. Aufsätze und Arbeiten zum Werk Arno Schmidts. Jahrbuch der Gesellschaft der Arno-Schmidt-Leser 2007/2008* (Wiesenbach: Bangert & Metzler 2009), S. 17-68.

zentrum, bei Davis ein Dorf, in dem Zauberer ausgebildet werden, bei Schmidt eine Insel, auf der Künstler zu Meisterleistungen gebracht werden sollen. Ein genauer Textvergleich fördert zudem in immenser Zahl Detailparallelen zutage; ich möchte meinen Lesern die umständliche Aufzählung hier ersparen – wer sich dafür interessiert, möge meinen (verspätet, aber hoffentlich doch in absehbarer Zeit) kommenden Aufsatz im *Jahrbuch der Gesellschaft der Arno-Schmidt-Leser* studieren. In extenso darlegen werde ich darin, daß Schmidt sich bei der Niederschrift doch sehr weitgehend und durchaus planmäßig an dem von ihm übersetzten „Entdeckerschinken“ orientiert hat.

Aber welche Funktion hat diese Orientierung für Schmidts Text? Monika Albrecht, die schon vor Jahren in ihrem ambitionierten Aufsatz „‚Mir war nie wohl in meiner rosa Haut‘. Arno Schmidts ‚Kurzroman‘ *Die Gelehrtenrepublik* aus postkolonialer Sicht“ (zu finden in dem von Timm Menke und Robert Weninger herausgegebenen Band *Der Prosapionier als Letzter Dichter*) diese Frage zu klären versucht hat, liest Schmidts Text als bewußten Gegenentwurf zum Davisschen; dessen Expeditionsbericht ist für sie „ein rassistisches Machwerk übelster Sorte, das in dem Reise- und Abenteuerschema die klischeeüberladene Weltsicht seines Verfassers transportiert“[6], Schmidts *Gelehrtenrepublik* hingegen zeichne „ein differenziertes Bild der politischen Situation der 50er Jahre, das der Darstellung des Ost-West-Konflikts als dritte Komponente den später sogenannten Nord-Süd-

[6] Monika Albrecht, „‚Mir war nie wohl in meiner rosa Haut‘. Arno Schmidts ‚Kurzroman‘ *Die Gelehrtenrepublik* aus postkolonialer Sicht“, in Timm Menke u. Robert Weninger (Hg.), *Der Prosapionier als Letzter Dichter. Acht Vorträge zu Arno Schmidt*, Hefte zur Forschung 6 (Bargfeld: Arno Schmidt Stiftung 2001), S. 53-72, hier S. 60.

Konflikt hinzufügt“[7]. Diese Argumentation Monika Albrechts klingt sehr avanciert und überzeugend, hat aber leider einen kleinen Haken: sie hält der genaueren Textprüfung nicht stand. Zwar bezieht sich Schmidt in seiner *Gelehrtenrepublik* in der Tat vielfach auf das *Dorf der Zauberer* zurück, doch von der Etablierung einer bewußten Gegenposition ist bei diesen Rückbezügen nichts zu spüren; zwar ist es gewiß nicht falsch, im *Dorf der Zauberer* einen rassistischen Blick des Verfassers auf die von ihm bereiste Welt wahrzunehmen, doch der Vorwurf, es handele sich um ein „rassistisches Machwerk übelster Sorte“, beraubt uns des Nuancierungsvermögens; zwar ist Winer und ist auch Arno Schmidt mit der Beschaffenheit der Welt, wie sie in der *Gelehrtenrepublik* geschildert wird, in der Tat nicht einverstanden, doch ist fraglich, ob sich die Kritik Winers und Schmidts gegen Kolonialismus und Rassismus richtet.

Zunächst: welche Qualität hat der dem Buch von Davis zugrundeliegende Rassismus? Monika Albrecht verzerrt den Befund, indem sie nur einige untypische Textpassagen zitiert. Getrieben wird Davis von exotisch-erotischen Sehnsüchten; er stellt einer „dunklen, heißen, bezaubernden Welt“ mit einem Gefühl nach, das er offen als „Liebe“ bezeichnet: der finstere afrikanische Urwald ist „die Frau, die ich ganz vorbehaltlos liebe“[8]. An den Bewohnern der Elfenbeinküste ist er interessiert, weil „die Ursprünglichkeit ihrer Bräuche mich frappierte“[9]. Davis schwärmt für sogenannte Naturvölker; „Masken und primitive Haushaltsgegenstände interessieren mich am meisten“[10], erläu-

---

[7] Ebd., S. 71.

[8] Hassoldt Davis, *Sorcerers' Village*, with Photographs by Ruth and Hassoldt Davis (London, Toronto, Wellington, Sydney: Harrap 1956), S. 50.

[9] Ebd., S. 14.

[10] Ebd., S. 181.

tert er, der von „sogenannten ‚entwickelten' Eingeborenen" und erst recht deren „sozialistisch angehauchten politischen Ambitionen"[11] nichts wissen will. Als Anhänger des ‚Ursprünglichen' gibt Davis sich kulturkritisch: „In Afrika sind die Künste im Niedergang begriffen"[12], befindet er, „die westafrikanische Kunst" sei „degeneriert und einfallslos, ebenso wie die der heutigen Indianer Süd-, Mittel- und Nordamerikas"[13] – dies ist keineswegs die Einstellung eines Eroberers mit Herrenmenschenattitüde, der keine Kultur außer der eigenen gelten läßt, sondern im Gegenteil die (freilich durchaus herablassende) Attitüde eines Ethnologen, der die von ihm ‚entdeckte' Welt möglichst museal konservieren möchte.

Davis begreift sich als „Völkerkundler"[14]; daß das Treiben eines solchen keineswegs unproblematisch ist, weiß er – zumindest theoretisch – durchaus, denn gleich zu Beginn seines Buches zitiert er den Einwand eines Kollegen gegen allzu hemmungsloses Auftreten:

> Sehen Sie, Völkerkunde ist wichtig, zweifellos [...], nur halte ich eben [...] nichts von einer Einmischung in die intimeren Angelegenheiten, gleichgültig, um wen es dabei geht. [...] Und, seien Sie ehrlich: was für ein Schnellgericht würden Sie nicht über denjenigen abhalten, der Ihr Sexualleben studieren wollte?![15]

Diesem Einwand liegt die Einsicht zugrunde, daß ‚primitive' und entwickelte Gesellschaften nicht prinzipiell unterschiedlich betrachtet werden sollten. Leider aber stellt Hassoldt Davis die europäisch-nordamerikanische

---

[11] Ebd., S. 12.
[12] Ebd., S. 187.
[13] Ebd., S. 240.
[14] Ebd., S. 14.
[15] Ebd., S. 16.

und die afrikanische Kultur lediglich punktuell auf eine Stufe; ernsthafte Zweifel an seiner eigenen Überlegenheit hat er nicht. Die Afrikaner dürfen für ihn eigentlich nur zwei Rollen spielen – zum einen machen sie ihm Angst, und zwar auf eine Weise, die von Faszination (und auch von einer erotischen Unterströmung) nicht ganz frei ist; zum anderen fühlt er sich ihnen auf väterlich-herablassende Weise zugeneigt. Das ist Rassismus; ein Rassismus „übelster Sorte“, wie Monika Albrecht meint, ist es jedoch nicht, sondern eher ein ‚wohlmeinender‘ Rassismus mit schlechtem Gewissen. „Hatte ich ein Recht dazu, dergleichen Experimente anzustellen?“[16] fragt Davis sich, als er einem alten Häuptling mit einem nie erprobten Gebräu seine Liebeskraft wiederzubeleben versucht; und das schlechte Gewissen äußert sich auch in der Erkenntnis, „Daß man erst noch Schwarzafrika rasch durch ein IFAN konservieren läßt – ehe solche Opportunisten [...] darangehen, seine wertvolle Kultur zu zerstören“[17]. Hassoldt Davis hilft zerstören, indem er konservieren hilft.

Was aber hält Arno Schmidt von alledem? Als Übersetzer muß er übersetzen, was er vorfindet, sei das nun rassistisch oder nicht; wer beim Übersetzen beschönigt, abmildert oder umdeutet, der verfälscht. In seiner Übersetzung des „Entdeckerschinkens“ von Hassoldt Davis beschönigt Schmidt gar nichts, schon gar nicht die rassistische Tendenz des Originals. Es finden sich jedoch einige Stellen, wo Schmidt im Gegenteil einen scharfen Ton in den Text bringt, der dort im Original nicht vorhanden ist. Einmal läßt Davis Selbstkritik an weißer Überheblichkeit durchscheinen und bescheinigt einem im Busch lebenden Europäer, er habe sich auf das Leben dort

---

[16] Ebd., S. 272.
[17] Ebd., S. 152.

eingelassen, sei aber „in no way gone native“[18] – Schmidt konterkariert den selbstkritischen Zug auf gröbliche Weise, indem er das mit einem extrem rassistischen Ausdruck wiedergibt: „in keiner Hinsicht vernegert“[19]. Nicht viel besser ist es, wenn Schmidt den neutralen Ausdruck „related“[20] in ein denunziatorisches „versippt“[21] übersetzt. Kurz darauf lesen wir dann in der Übersetzung von einer „kriegerische[n] Religion, was Afrikanern ja immer gefällt“[22]; das „ja immer“ ist hier eine Dreingabe Schmidts und hat im Original keine Entsprechung. Im Rahmen seiner Klagen über die seiner Meinung nach degenerierten Künste jammert Davis einmal: „But nepotism had spoiled the art“[23]; irrwitzigerweise macht Schmidt daraus: „Aber Nepotismus war schuld an der entarteten Kunst“[24]. Noch ärger wird's, als Davis – und zwar durchaus in selbstkritischem Kontext – sich und seine Hautfarbengenossen als „Caucasians“[25] bezeichnet; in Schmidts Übersetzung müssen wir doch tatsächlich lesen: „Wir armen Arier, wir Fortschrittsumnachteten, haben den Spürsinn für Wasser eingebüßt“[26]. Daß Schmidt, wie Monika Albrecht meint, dem Rassismus des zu übersetzenden Buches kritisch gegenübergestanden hätte, ist seiner Übersetzung also keineswegs anzumerken; spätestens bei der „entarteten Kunst“[27]

---

[18] Ebd., S. 93.

[19] Hassoldt Davis, *Das Dorf der Zauberer*, mit 31 Abbildungen von Ruth und Hassoldt Davis, üb. v. Arno Schmidt (Berlin: Ullstein 1958), S. 93.

[20] Davis, *Sorcerers' Village*, a.a.O., S. 102.

[21] Davis, *Das Dorf der Zauberer*, a.a.O., S. 102.

[22] Ebd., S. 106.

[23] Davis, *Sorcerers' Village*, a.a.O., S. 144.

[24] Davis, *Das Dorf der Zauberer*, a.a.O., S. 146.

[25] Davis, *Sorcerers' Village*, a.a.O., S. 213.

[26] Davis, *Das Dorf der Zauberer*, a.a.O., S. 215.

[27] Arno Schmidt war – auch wenn er abstrakter Kunst meist ablehnend gegenüberstand – keineswegs ein verkappter Freund dieser Nazi-

und dem Begriff „Arier" muß man sich schon fragen, was Schmidt hier geritten hat – falls das ein Versuch gewesen sein sollte, den Rassismus des Buches durch Verstärkung zu decouvrieren, wäre er völlig mißraten, denn dafür sind solche Textstellen denn doch zu selten.

Nun ist es ohnehin so, daß sich in Arno Schmidts spärlichen Äußerungen zum Thema Rassismus kaum eine einheitliche Linie ausmachen läßt. Ende September 1958 beklagt Schmidt in einem Brief an Alfred Andersch die kolonialkritischen Aussagen in dessen „Nacht der Giraffe", legt sich unter Berufung auf die Kenntnisse, die er aus seiner Davis-Übersetzung gewonnen habe[28], für die

---

Vokabel, wie eine Passage in seinem (im Juni 1957, also zwischen der Fertigstellung der Davis-Übersetzung und der Niederschrift der *Gelehrtenrepublik*, geschriebenen) Moritz-Funkessay zeigt. Vgl. Arno Schmidt, „Die Schreckensmänner. Karl Philipp Moritz zum 200. Geburtstag", in Bargfelder Ausgabe, Bd. II/1 (Zürich: Haffmans 1990), S. 389-411, hier S. 406: „Natürlich ist er solchergestalt, wie alle Schreckensmänner, ein ‹a›=soziales Element – allerdings nicht im Sinne des Nationalsozialismus, was ja aber bei dessen meisten Definitionen, von ‹Asphaltliteratur› bis zu ‹entarteter Kunst›, nur ein Lob ist." – Jan Philipp Reemtsma ist davon überzeugt, daß die Verwendung der Begriffe „entartete Kunst" und „Arier" in Schmidts Übersetzung sich nicht anders erklären lasse als durch „die Absicht der Verdeutlichung einer Tendenz, die er Davis unterstellt [...]. Daß Schmidt den Begriff der ‚entarteten Kunst' entweder allen Ernstes oder aber ganz naiv und um alle Implikationen unbekümmert verwendet habe, ist, gelinde gesagt, sehr unwahrscheinlich." (Email an Friedhelm Rathjen vom 26. Januar 2007.) Ich danke Reemtsma für die Anmerkungen und Einwände, die er mir nach Lektüre des Erstdrucks dieses Aufsatzes mitgeteilt hat, auch wenn ich diese Einwände in diesem Nachdruck (teils aus inhaltlichen, teils aus methodischen Gründen) cum grano salis unberücksichtigt lasse.

28 Vgl. Schmidt, *Der Briefwechsel mit Alfred Andersch*, a.a.O., S. 186 (Nr. 199 v. 20.9.58): „Ich habe ein umfangreiches Buch über de Gaulle und Afrika aus dem amerikanischen übersetzt; und anläßlich solcher Arbeit allerlei Studien über den ganzen Fragenkomplex

Kolonialpolitik de Gaulles ins Zeug und begrüßt aus innereuropäisch-machtpolitischen Erwägungen dessen Versuch, die afrikanischen Kolonien zu halten und den französischen Einfluß in Afrika zu stärken. In dem Text „Die Geschichte vom Riesen Jermak" kommt Schmidt 1961 noch einmal auf solche geostrategischen Überlegungen zu sprechen und illustriert „das, späteren Generationen vermutlich immer=unglaubwürdige Schauspiel, wie Europa den Erdball vertändelte", mit einer Zusammenfassung der Kolonialgeschichte, die in die Klage mündet:

> Afrika?: man kann sich schwerlich unkluger benehmen, als die Kolonisatoren es taten. Die Folge ist, daß es binnen kürzester Zeit nun wirklich ein ‹Schwarzer Erdteil› sein wird; (und selbst dazu reicht unsere Beschränktheit nicht aus, nach Kräften zu befördern, daß es nun wenigstens zur Hälfte ein ‹Brauner› werde; also die, uns kulturell doch überraschend ‹verwandten›, Araber zu unterstützen.)[29]

Nach einer moralisch begründeten Kritik an Rassismus und Kolonialismus klingt das keineswegs, hier argumentiert Arno Schmidt ausgesprochen eurozentristisch. An nichteuropäischer Kultur ist Schmidt nicht nur nicht interessiert, sondern er verachtet sie auch in einer Weise, die herablassender ist als alles, was man im *Dorf der Zauberer* finden kann.

*Außer*halb der *Gelehrtenrepublik* lassen sich schwerlich Belege dafür auffinden, daß Schmidt in seinem „Kurz-

---

getrieben – die Herrschaft d. G.'s während des Krieges dort; sein Verhältnis zur RDAN; usw. usw. – kurz : ich bin nicht ganz ununterrichtet"; Charles de Gaulle wird an einigen wenigen Stellen im *Dorf der Zauberer* auf eher unspezifische Weise erwähnt (vgl. Davis, *Das Dorf der Zauberer*, a.a.O., S. 63, 141).

29 Arno Schmidt, „Die Geschichte vom Riesen Jermak", in Bargfelder Ausgabe, Bd. III/4 (Zürich: Haffmans 1995), S. 98-107, hier S. 98 f.

roman aus den Roßbreiten" gezielt die rassistischen und kolonialistischen Züge des *Dorfs der Zauberer* dekonstruiert haben könnte, wie Albrecht meint; schauen wir einmal, was *inner*halb der *Gelehrtenrepublik* zu finden ist. Zum Personal des Romans gehörigen mehrere schwarzhäutige Personen; die erste, die im Text erscheint, ist ein Mann, den Winer schlichtweg einen „Nigger"[30] nennt. Nachdem Winer den „Hominidenstreifen" (in dem Mutationen aus Tier und Mensch leben) durchquert hat, erfährt er einiges über dessen Bewohner: „Es gab ja ursprünglich *drei* Rassen: Derivate von Weißen, Negern, Indianern. Davon sind Weiße und Indianer so gut wie verschmolzen"[31]; Winer stellt zu den „Negern" keine Nachfragen, erfährt aber doch noch, daß unter den insgesamt ungefähr 6000 Zentauren „700 Schwarze" sind und „Schärfste Rassentrennung" herrscht[32], was er nicht kommentiert – ihn interessiert nur, ob der Verkehr mit Zentauren „eigentlich als Sodomie betrachtet"[33] wird oder nicht, also ob die Zentauren als Menschen oder als Tiere gelten. Auf der Künstlerinsel begegnet Winer schwarzhäutigen „Stenotypistinnen", die er unter dem Aspekt eventueller erotischer Möglichkeit abzuschätzen versucht: die eine beschreibt er als „kohlschwarz und mit einem Gesicht, das gebaut schien, Meteore aufzufangen, nicht Küsse irdischer Männer"[34], die andere als „eine harrende, ebenfalls subtropische, Schöne"[35]. Als es in Winers letzter Nacht auf dem schwimmenden Eiland sehr dunkel wird, kommen

[30] Arno Schmidt, *Die Gelehrtenrepublik. Kurzroman aus den Roßbreiten*, in Bargfelder Ausgabe, Bd. I/2 (Zürich: Haffmans 1986), S. 221-349, hier S. 228.

[31] Ebd., S. 256.

[32] Ebd.

[33] Ebd.

[34] Ebd., S. 286.

[35] Ebd., S. 287.

wiederum afrikanische Assoziationen ins Spiel „*Nachts fällt schwarzer Regen.* Bäume wedeln negrig (mit Negerblättern?): nachts bin ich ein schwarzer Mann!“[36] Diese Formulierung ist keineswegs als Solidarisierung mit Menschen dunkler Hautfarbe gemeint, ebensowenig wie das „ich bin nur armes Nigger Winer aus Douglas am Kalamazoo!“[37] ein Weilchen später; ganz im Gegenteil besteht wenig Anlaß, bei Winer etwas anderes als ein Geflecht rassistisch-nationalistischer Stereotypen zu vermuten.

Daß in der *Gelehrtenrepublik* kolonialistische Strukturen nachgezeichnet und satirisiert werden, wie Monika Albrecht darlegt, ist sicher richtig; freilich hat das wenig mit afrikanischen Schauplätzen und dem *Dorf der Zauberer* zu tun, sondern zitiert Elemente aus der Kolonialgeschichte Amerikas. Der amouröse Umgang Winers mit der jungen Zentaurin Thalja findet nicht die geringste Parallele in Davis' *Dorf der Zauberer*, sondern orientiert sich an romantisierten Fassungen bestimmter Episoden aus der amerikanischen Kolonialgeschichte, etwa des Pocahontas-Stoffes; selbstverständlich spielt Winer Thalja gegenüber alle Vorteile aus, die er als erwachsener männlicher Vertreter einer ‚überlegenen Kultur‘ gegenüber einer halbwüchsigen weiblichen Angehörigen einer ‚primitiven Kultur‘ hat, insofern ist die Art und Weise, in der er die Situation ausnutzt und Thalja defloriert, zugleich ein kolonialer, rassistischer, sexistischer und möglicherweise päderastischer Akt – all dies spielt jedoch im Text keine Rolle, sondern auf der Handlungs- wie auf der Bedeutungsebene geht es einzig und allein um die Frage möglicher Sodomie. Dies heißt, daß im Fokus immer das Ich und nicht das Gegenüber steht; die kolonialistischen,

---

[36] Ebd., S. 335.
[37] Ebd., S. 344.

rassistischen, sexistischen und päderastischen Vergehen, um die es hier *nicht* geht, wären strafbar, weil ein Gegenüber geschädigt wird, während Sodomie allenfalls strafbar ist, weil sie als abnorm gilt und mithin auf einen Schaden am Ich hindeutet: das Vergehen des Sodomiten liegt darin, die Grenze zwischen Mensch und Tier zu ignorieren.

Als Winer sich von Thalja verabschiedet, gerät ihm noch eine weitere rassistische Bezeichnung für dunkelhäutige Menschen in den Sinn, nämlich in einem modifizierten E.T.A.-Hoffmann-Zitat: „Konditorkonditor: was ist der Mohr & was kann aus ihm werden!"[38] Winer hat „Mohr" eingesetzt, wo es eigentlich „Mensch" heißt. Bei E.T.A. Hoffmann geht es darum, daß der Mensch im Verhältnis zu den Bewohnern des Puppenreichs unwillkürlich zu einer Art Gottesfigur aufsteigt; ebenso schnellt im Hominidenstreifen Winers Status im Verkehr mit den Zentauren sprunghaft in die Höhe, was freilich noch nicht erklärt, warum „Mensch" durch „Mohr" ersetzt wird; der Verwendungsweise indirekt zu entnehmen ist immerhin, daß „Mohr" eigentlich weniger ist als „Mensch", also in der Tat als rassistisch-abschätziger Begriff gebraucht wird.[39] Winers Stoßseufzer muß man zudem verbinden mit einer sarkastischen Bemerkung, die er einige Seiten später fallen läßt, als er mitbekommt, wie die „Pfleger und Hüter" des Hominidenreservats sich den Zentauren gegenüber zu göttergleichen Wesen aufschwingen: „Was dem Menschen vom Tisch fällt, hat für die Katze ‹Gott gesandt›"[40]. Das ist in der Tat ein indirekter Kommentar zur Kolonisierung ‚unterentwickelter' Eingeborener durch

[38] Ebd., S. 254.

[39] In einer späteren Szene der *Gelehrtenrepublik* wird die Bildhauerin Berta Sutton als Nußknacker beschreiben und gleichzeitig ihre Hellhäutigkeit betont; vgl. ebd., S. 311: „da sah das bleichknochige Gesicht gar nußknackern aus den grellen Plaids."

[40] Ebd., S. 258.

eindringende ‚weiße Götter‘, doch mischt sich darein ein anderer Aspekt, der für Schmidt offenbar im Vordergrund steht und durch das Hoffmann-Zitat in seiner korrekten Form unterstrichen wird. Die Leitfrage, um die es in der *Gelehrtenrepublik* geht, lautet: ‚Was ist der Mensch; wo beginnt er, und wo endet er?‘ Oder anders gefragt: Was macht den Menschen aus? Wodurch zeigt er sein Menschsein, seine Menschlichkeit? Wie verhalten sich Körper und Geist des Menschen zueinander, handelt es sich noch um einen Menschen, wenn nur noch der Körper oder nur noch der Geist vorhanden ist? Was unterscheidet den Menschen vom Tier? Wann ist der Mensch kein Mensch mehr?

In der *Gelehrtenrepublik* stellt Schmidt diese Fragen, indem er die Grenzen zwischen Menschsein und Nichtmenschsein verwischt – indem er Mutationen auftreten läßt, die teils Mensch, teils Tier sind; indem er Menschenhirne auf neue Körper – auch auf Tierleiber – transplantieren läßt; indem er Menschen zur ewigen Ruhe betten, aber nach einer Ewigkeit doch wieder auferstehen läßt. Diese Aufweichung der Grenzen des Menschseins führt – zumindest bei Charles Henry Winer – zu einem dramatisch zunehmenden Unbehagen am eigenen Selbstverständnis; es ist für ihn eminent wichtig, zu wissen, ob er mit Thalja womöglich Sodomie begangen (und damit sein eigenes Menschsein verraten) hat oder nicht. Als Winer Mitleid mit einer „fliegenden Maske“ – einer Art Kreuzung aus Mensch und Schmetterling – hat, die kurzerhand umgebracht wird, bekommt er zu hören: „Cela ne sent rien: ces Papillons là“[41]; das Totschlagargument ‚der fühlt nichts‘ regiert die Welt, in die Winer geraten ist. Es ist in der *Gelehrtenrepublik* in der Tat ein Totschlagargument, und da die strikte Trennung zwischen Mensch und Tier

---

[41] Ebd., S. 269.

hier nicht mehr gilt, kann das eine wie der andere im Interesse einer höheren Macht in den Tod geschickt werden – nicht nur eine „Fliegende Maske“ oder ein nicht reinrassiger Zentaur, sondern notfalls auch ganze Völker wie „die Japaner & Deutschen“, deren Auslöschung „ja für uns 1 Segen“ ist[42]. In dieser Hinsicht hat die Welt der *Gelehrtenrepublik* mit der – und sei sie noch so rassistischen – Welt des *Dorfs der Zauberer* gerade nichts mehr gemein; im Expeditionsbericht von Davis ist die Unterscheidung zwischen Mensch und Tier noch intakt. Davis ist zwar der Meinung, ein Tier solle man nur zur Selbstverteidigung oder aus Hunger töten[43], doch akzeptiert er es ohne Murren, daß Tiere geopfert werden, Elefanten geschossen und Termiten purer Neugier wegen vernichtet werden; die Tötung von Menschen (auch solcher schwarzer Hautfarbe) ist ihm hingegen grundsätzlich inakzeptabel. Insofern ist das Weltbild, das dem *Dorf der Zauberer* unterliegt, in der Tat humaner als das der *Gelehrtenrepublik*: Hassoldt Davis setzt ein Gemeinsames aller Menschen voraus, das der Welt der *Gelehrtenrepublik* abhanden gekommen ist, ein Umstand, der dem Erzähler Winer freilich nicht behagt und vom Autor Schmidt implizit beklagt wird.

Die *Gelehrtenrepublik* ist durchzogen von einer Schwarz-Weiß-Metaphorik; bisweilen scheint es so, als seien auch die menschlichen Hautfarben in diese Metaphorik einbezogen, doch deuten die Passagen, in denen Schwarzhäutige auftreten, keineswegs darauf hin, daß Schmidt an der Kommentierung von Rassen- und Rassismusfragen auch nur im geringsten interessiert wäre; er instrumentalisiert die Hautfarben für ganz andere Zwecke. Die Schwarz-Weiß-Metaphorik ist ein Aspekt des der *Gelehrten-*

---

[42] Ebd., S. 260.
[43] Davis, *Das Dorf der Zauberer*, a.a.O., S. 26.

republik unterlegten dualen Denkens, das Schmidts Interesse am Manichäismus offenbart. Dem Manichäismus zufolge gibt es zu jeder Kraft, die in irgendeiner Weise wirkt, eine Gegenkraft, die die Wirkung aufzuheben vermag; das ist, wenn man so will, ein Sinnbild der Ost-West-Konfrontation des Kalten Krieges, die als Großkonstellation die *Gelehrtenrepublik* bestimmt. In der absurden Ost-West-Parodie findet sich die Überzeugung von der notwendigen dualistischen Beschaffenheit der Welt satirisch gespiegelt; für eine ernsthafte Beschäftigung mit der Nord-Süd-Hierarchie ist in diesem dualen System freilich kein Platz, und deswegen interessiert Schmidt der Kolonialismus allenfalls nachrangig, nämlich als Nebenschauplatz der eigentlichen Auseinandersetzung zwischen Ost und West.

Vom manichäischen Prinzip weicht das Schmidtsche in einem Punkt ab: er definiert die sich gegenseitig aufhebenden Positionen nicht als ‚Gut' und ‚Böse', sondern für ihn gibt es nur ‚böse' Komplementärpositionen. Deutlich wird dies, als Winer sich die Gottesvorstellung der Zentauren erläutern läßt:

> »Der böse Geist, der uns geschaffen hat.« – »Ihr seid also vom *Bösen* Geist geschaffen?« fragte ich interessiert; und sie sahen erstaunt herum: »Ja.: Hat Euch etwa ein *guter* gemacht?«. (Wozu er – er war nicht umsonst Häuptling, Recke & Denker – noch schwerfällig zugab: »*Gibt* es denn einen Guten Geist?«.[44]

Winer sieht ein, daß es so ist, natürlich gibt es *keinen* „Guten Geist": „Ich antwortete lieber nicht; mir war nicht wohl – nie wohl gewesen! – in meiner rosa Haut"[45].

---

[44] Schmidt, *Die Gelehrtenrepublik*, a.a.O., S. 249.
[45] Ebd.

Monika Albrecht interpretiert das hier von Winer bekundete Unbehagen in seiner „rosa Haut“ als Ausdruck aufkeimenden „Zweifel[s] an der Überlegenheit der ‚weißen Rasse‘“, als Winersches „Unbehagen an seiner Zugehörigkeit zu eben dieser ‚überlegenen weißen Rasse‘“[46]. Obwohl Albrechts Argumentation an diesem Punkt in sich stimmig ist, fürchte ich, sie trifft nicht die Text- und schon gar nicht die Autorintention[47], denn im Gefüge des Gesamttextes der *Gelehrtenrepublik* steht die „rosa Haut“ doch für etwas anderes. Wichtig ist zunächst, daß das „rosa“ sich der durchgängigen Schwarz-Weiß-Metaphorik des Romans widersetzt; wenn Winer seine „rosa Haut“ betont, steckt er also zwischen den auf Konfrontation angelegten Positionen. Daß „rosa“ hier als Zugehörigkeitsmerkmal der sogenannten ‚weißen Rasse‘ gemeint sein könnte, scheint eher zweifelhaft; die Farbbezeichnung taucht anderswo im Text nämlich in einer Weise auf, die damit nicht in Einklang zu bringen wäre: „Das ganze vordere Drittel“ von Thaljas Brust ist Winers Worten zufolge „eine unabgesetzte, rosarauhe Spitze“[48]; die vulvaähnlichen Zungen weiblicher „Fliegender Masken“ werden als „handlange rosa Röhren“[49] und als „rosa Hohlzunge“[50] beschrieben; schließlich sieht Winer in einer erotisch

---

[46] Albrecht, „„Mir war nie wohl in meiner rosa Haut‘“, a.a.O., S. 70.

[47] Den Verdacht, ihre Interpretation deckc sich womöglich nicht mit der Autorintention, hat Albrecht sogar selbst. Vgl. ebd., S. 55: „Allerdings spricht einiges dafür, daß Schmidt die jahrhundertelange Geschichte des Kolonialismus bewußt in den Fiktionsraum seines Romans integriert und damit die weltpolitische Situation der 50er Jahre in den Horizont der Kolonialismuskritik gerückt hat; es ist jedoch ebenso wahrscheinlich, daß seine Intention und die aus heutiger postkolonialer Sicht in dem Roman aufscheinenden Deutungsmöglichkeiten nicht durchweg kompatibel sind.“

[48] Schmidt, *Die Gelehrtenrepublik*, a.a.O., S. 238.

[49] Ebd., S. 254.

[50] Ebd., S. 267.

unterfütterten Traumsequenz des Textes noch ein „dreieckiges rosa Briefchen"[51]. Das „rosa" wird also keineswegs zur Unterscheidung Winers von den Opfern eines kolonialen Systems eingesetzt. Übrigens läßt sich auch aus dem Gebrauch der Farbbezeichnung „rosa" im *Dorf der Zauberer* gerade nicht ableiten, sie könne als Rassenmerkmal angelegt sein: „Rosa-gelb[e]" Fußsohlen[52] und „rosa Handteller"[53] haben darin die Afrikaner, und „Ganz rosa" sind „neugeborene Negerbabys immer"[54]. Arno Schmidt respektive Winer scheint die Farbbezeichnung „rosa" nicht als unangenehmes Rassenmerkmal, sondern als Kennzeichen unbehaarter, nackter und damit ungeschützter Haut aufzufassen; als er im Gespräch mit Thalja begreift, daß es keinen ‚guten', sondern nur ‚böse' Geister gibt, empfindet er sich als schutzlos und ausgesetzt, gleichsam als Neugeborenes, das den Launen überlegener und unberechenbarer Mächte wehrlos ausgesetzt ist.

In seiner „rosa Haut" begreift Winer sich als nackter – d.h. keineswegs schuldiger, sondern gleichsam geschichtsloser – Mensch; diese Empfindung liegt auf der selben Linie wie später seine Stoßseufzer „Es war ein bißchen viel auf einmal; für'n einfachen Journalisten: Konditorkonditor: was ist der Mohr & was kann aus ihm werden!"[55] und „ich bin nur armes Nigger Winer aus Douglas am Kalamazoo"[56]: Winer weist alle Verantwortung von sich, sieht sich in der Opferrolle, und es ist gerade nicht zu erkennen, daß dieses Winersche Selbstverständnis von Schmidt in der *Gelehrtenrepublik* nennenswert problematisiert würde, womöglich gar im Rahmen eines kolonialis-

---

[51] Ebd., S. 277.
[52] Davis, *Das Dorf der Zauberer*, a.a.O., S. 83.
[53] Ebd., S. 32.
[54] Ebd., S. 253.
[55] Schmidt, *Die Gelehrtenrepublik*, a.a.O., S. 254.
[56] Ebd., S. 344.

muskritischen Diskurses. Kolonialismus- und rassismustheoretisch gesehen wirkt Winer einer Leugnung der Verantwortung und der Verwischung aller Grenzen zwischen Schuldigen und Opfern nicht entgegen, sondern er wirkt daran mit, und insofern bezieht er – und bezieht auch Schmidt – keineswegs eine Gegenposition zu dem Selbstverständnis, das Hassoldt Davis im *Dorf der Zauberer* zeigt. Falls Arno Schmidt am *Dorf der Zauberer* etwas mißfallen hat, war es offensichtlich nicht die rassistische Überheblichkeit des Autors, und deshalb bemüht sich Schmidt in der *Gelehrtenrepublik* auch gerade nicht erkennbar darum, *diese* spezielle Überheblichkeit zu unterminieren.

Umziehn: Von Findelkindern der Wurzellosigkeit
Schmidt, Rushdie und Joyce wider den Kulturpurismus

> das muß Jeder für sich selbst entscheiden, ob er ehrlich sein will – oder aber ‹Klassiker›. Arno Schmidt[1]

Um ehrlich zu sein: angesichts dessen, daß die Gesellschaft der Arno-Schmdt-Leser am klassischen Schauplatz Weimar tagt, ist es mir ein besonderes Vergnügen, in meinem Tagungsbeitrag von Arno Schmidts Definition der Romantik auszugehen. Diese Schmidtsche Romantik-Definition findet sich bekanntlich in seinem Tieck-Essay „‹Funfzehn›. Vom Wunderkind der Sinnlosigkeit" (dessen Titel man womöglich schon aus dem meinigen herausgehört hat), und die zentrale Passage ist diese:

> *A.:* Die Romantik, mit ihrer verschrieenen ‹Sprunghaftigkeit›, ihrem ‹Leichtsinn›, ihrem scheinbar kindlichen ‹Zauberwesen› – achwas, verwenden wir doch die gängigen Germanistenwitze: ‹romantische Ironie›, ‹Willkür›, ‹poetische Ungerechtigkeit›! – ist vielmehr der Ausdruck des *verwegensten Realismus* in Lebensführung und Kunst. Die zugrunde liegende Erkenntnis: daß alles Dasein ein lebenslängliches Hakenschlagen ist, vor der Gefahr des Gefressenwerdens, ist mit nichten ‹oberflächlich›; wer sein Leben dementsprechend einrichtet, mit nichten ‹leichtfertig›; und der Dichter endlich, der dies

---

1 Arno Schmidt, „‹Funfzehn›. Vom Wunderkind der Sinnlosigkeit", in Bargfelder Ausgabe, Bd. II/2 (Zürich: Haffmans 1990), S. 285-332, hier S. 302.

Chaos redlich abzubilden unternimmt, mit *nichten ‹verantwortungslos›!*

B.: Achso: Sie deuten die Romantik als den bewußten Versuch, für die Überzeugung von der Instabilität der Welt, wie des Einzellebens, den künstlerischen Ausdruck zu finden: thematisch, formal, sprachlich.

A.: Das ist schon fast richtig. – Die gleichzeitigen und späteren ‹Völkischen› und ‹Vaterländler› haben genau das als Merkmal ‹wurzelloser Asfaltliteraten› verlästert ... [2]

Schmidts Definition ist also keineswegs eine rein künstlerische, sondern ihr geht es um einen Zusammenhang zwischen literarischen Inhalten, der künstlerischen Form und bestimmten politischen und soziologischen Gegebenheiten. Ein solcher Zusammenhang soll auch in meinem Beitrag plausibel gemacht werden, wobei der konkrete Anknüpfungspunkt – gerade für den Brückenschlag zu Salman Rushdie – nicht in der zitierten zentralen Passage von Schmidts Romantik-Definition zu finden ist, sondern kurz vorher im Tieck-Essay, als Schmidt sich Gedanken über die Entstehungsbedingungen der von ihm ausgemachten romantischen „Seelenlage" macht:

> Über dem vibrierenden, Lava Flammen Geiser und Rauch ausstoßenden Boden des politischen Geschehens, bildet sich treibhaushaft schnell und tropenbunt, echt Yellowstone, die Vegetation der ‹Romantik›: die Seelenlage des Emigranten wird als die des ‹Künstlers überhaupt› erkannt und akzeptiert; und man handelt und schreibt dementsprechend[3]

Dieser Emigranten- und Exilantentopos taucht an mehreren Stellen des Tieck-Essays auf, so etwa, wenn Schmidt

---

[2] Ebd., S. 302 f.
[3] Ebd., S. 302.

darauf hinweist, daß „Tiecks Gestalten [...] auffällig viel ‹unterwegs›“ seien, und diagnostiziert: „wiederum der ‹Emigranten=Komplex›.“[4] Der Emigranten-Topos ist auch einer der Hebel, die Schmidt ansetzt, um den Blick auf die Romantik im engeren Sinne auszuweiten und ganz andere literaturgeschichtliche Regionen als Vergleichs- und Parallelfolien heranzuziehen. Dazu geht Schmidt zum einen historisch weit zurück, wenn er – womöglich im Gefolge ähnlicher Äußerungen von James Joyce – Homers *Odyssee* gegen die *Ilias* ausspielt:

> was sind die übrigen geistlosen Schwerathleten der ‹Ilias›, verglichen mit dem ‹menschlichsten› aller Helden, dem klug=tapferen Groß=Emigranten in einer ebenso bunten wie unstabilen Welt?![5]

Zum anderen nähert sich Schmidt auf der Suche nach Parallelfällen aber auch – und das wird ihm besonders wichtig sein – der Jetztzeit, und dies nicht nur, was die künstlerische Verwandtschaft zwischen Romantik und Expressionismus betrifft, sondern eben auch mit Blick auf Exilation und Emigrantenlos:

> Es wurde um 1800 wirklich allmählich Zeit, daß man diese berufene ‹Sinnlosigkeit› – die Werfel oder Döblin oder Mann durch die Länder gehetzt werden läßt – als eines der typischen Kennzeichen des Lebens begreifen lernte[6]

Mit der Diagnose des (äußeren wie inneren) Exilantentums ist es selbstverständlich nicht getan; Arno Schmidt macht sich gleich auch noch Gedanken über die „Auswir-

---

4 Ebd., S. 318.

5 Ebd., S. 293; auf eine ähnliche Formulierung bei Joyce habe ich hingewiesen in dem Aufsatz „Tiecks Transparenz. Der Joycesche Hintergrund von Arno Schmidts Nachtprogramm ‚‹Funfzehn›‘“ in meinem Buch *Dublin ➔ Bargfeld. Von James Joyce zu Arno Schmidt* (Frankfurt a.M.: Bangert & Metzler 1987), S. 117-137, hier S. 124.

6 Schmidt, ‹Funfzehn›, a.a.O., S. 306.

kungen der behaupteten und beschriebenen Seelenlage des nervös=tapferen Literaten=Emigranten“[7] und findet deren mehrere. Einmal entwickeln die Romantiker nach Schmidt, da sie „[z]um Carpe Diem des Emigranten gezwungen“ seien, „eine Überscharfheit, ja, Gewetztheit, der Sinne“[8], was sich vor allem in formalen Eigenheiten ihrer Texte (d.h. ihres Tonfalls, ihrer Sprachoberfläche und ihrer Handlungsführung) niederschlägt. Aber auch weltanschauliche Auswirkungen stellen sich ein; es ergibt sich nach Schmidt „aus Emigrantenlos und Realistik aufs organischst=unerwartete ein resigniert=witziger Polytheismus“.[9] Der Begriff des *Poly*theismus verweist auf die Anerkennung der Viel-Fältigkeit aller Phänomene, die sich folgerichtig in der Ablehnung jedes Alleinvertretungs- und jedes Richtigkeitsanspruches äußert – und dies selbstverständlich auch in politischer Hinsicht: „Ja, vom ‹göttlichen Recht der Obrigkeit› hatten die Romantiker gar keine übertriebenen Vorstellungen.“[10] Zu dieser Feststellung merkt Schmidts Sprecher B. an: „Jetzt wird mir langsam begreiflicher, wieso die Romantiker oft als ‹pietätlos› erscheinen, als Leute, denen ‹nichts heilig› war“.[11]

Für solche Leute, denen „nichts heilig“ ist (nicht nur die Kirche nicht, sondern ebensowenig alle anderen Autoritäten und Institutionen) und die dies mit dem Selbstverständnis des Künstlers verbinden, mag paradigmatisch der jugendliche Held in den autobiographisch unterfütterten Romanen von James Joyce sprechen: Stephen Dedalus. Gegen Ende von *Ein Porträt des Künstlers als junger Mann* erklärt er nicht ganz unpathetisch:

---

[7] Ebd., S. 314.
[8] Ebd., S. 317.
[9] Ebd., S. 314.
[10] Ebd., S. 315.
[11] Ebd.

> Ich will nicht länger dem dienen, an das ich nicht länger glaube, ob es sich mein Zuhause nennt, mein Vaterland oder meine Kirche: und ich will versuchen, mich in irgendeiner Art Leben oder Kunst so frei auszudrücken wie ich kann, und so vollständig wie ich kann, und zu meiner Verteidigung nur die Waffen benutzen, die ich mir selbst gestatte – Schweigen, Verbannung und List.[12]

Die folgende Beschreibung, die aus einem anderen Roman stammt, scheint zwar auf den ersten Blick eine ähnliche Lage auszudrücken (und dies unter Anspielung auf die eben zitierte Joyce-Stelle), benennt aber dann doch den bedeutsamen und gar nicht so kleinen Unterschied:

> Wer ist er? Ein Verbannter, ein Mann im Exil. Nicht zu verwechseln, nicht in einen Topf zu werfen mit all den anderen Worten, mit denen die Leute so um sich werfen: Emigrant, Asylant, Flüchtling, Immigrant, Schweigen, Schlauheit [recte: List]. Das Exil ist ein Traum von der glücklichen Rückkehr. Das Exil ist eine Vision von der Revolution: Elba, nicht St. Helena. Es ist ein unendliches Paradox: der Blick nach vorn durch den ewigen Blick zurück. [...] Dies sind die Gedanken des Imam.[13]

---

[12] James Joyce, *Ein Porträt des Künstlers als junger Mann*, üb. v. Klaus Reichert (Frankfurt a.M.: Suhrkamp 1973 / BS 350), S. 278; die Schlüsselworte am Ende heißen im englischen Original „silence, exile, and cunning".

[13] Salman Rushdie, *Die Satanischen Verse*, üb. v. N.N. (o.O.: Artikel 19 Verlag 1989), S. 209. – Dieses ist nicht die einzige Stelle in Rushdies Roman, wo eindeutig auf Joyce angespielt wird; so heißt ein Polizeibeamter Stephen Kinch (S. 446 u.ö.), und von einem Martello-Turm (S. 153) ist ebenso die Rede wie von Finn MacCool (S. 183), jener irischen Sagengestalt, die eine gewisse Rolle im Joyceschen Spätwerk *Finnegans Wake* spielt; dieser Roman wiederum wird an einer Stelle von einer Figur erwähnt (S. 264). Zum

Diese Passage stammt aus dem Roman *Die Satanischen Verse* von Salman Rushdie, und schon der Titel dieses Romans entwirft – eben mit dem Begriff des Satanischen – das Vollbild jener Pietätlosigkeit, der „nichts heilig" ist. Übergreifendes Thema von Rushdies großem Roman sind verschiedene Formen des Heimatverlustes, der Wurzellosigkeit und des Umgangs damit, und deswegen entspringt das Buch auch einer „Seelenlage", die im Schmidtschen Sinne als romantische zu bezeichnen wäre. Rushdie arbeitet freilich zugleich – in dem eben zitierten Passus nicht zu übersehen – genuine Unterschiede zwischen Exilanten- und Migrantentum heraus, Unterschiede, die für die Weiterungen (auch die von Schmidt thematisierten) höchst bedeutsam sind. Der Imam im Exil (der eine literarische Figur ist, in dem sich offensichtlich aber ein realweltlicher, nämlich iranischer Imam erkannte – mit den nur zu bekannten Folgen) ist eben bewußt kein Umsiedler, kein Migrant, d.h. er faßt seine Exilation nur als ein Übergangsstadium auf, und zwar als ein Übergangsstadium nicht auf dem Weg zu etwas Neuem, sondern als Übergangsstadium vor der erhofften Rückkehr. Der Verlust, der in der Migration steckt, wird nicht anerkannt (und ist schon gar nicht bewußt in Kauf genommen worden), sondern soll rückgängig gemacht werden.

Salman Rushdie aber geht es um ein „Exil", das ein (mehr oder minder) freiwillig in Kauf genommenes ist,

---

Zusammenhang zwischen Joyce und Rushdie vgl. auch den Beitrag von Sadik J. Al-Azm, „The Importance of Being Earnest About Salman Rushdie", in *Die Welt des Islams. Internationale Zeitschrift für die Geschichte des Islams in der Neuzeit*, Neue Folge Bd. 31, Nr. 1, 1991, S. 1-49; leicht gekürzter deutschsprachiger Vorabdruck unter dem Titel „Es ist wichtig, ernst zu sein. Salman Rushdie, Joyce, Rabelais – der Kampf um Aufklärung", üb. v. Kai-Henning Gerlach, in *Lettre International*, deutsche Ausgabe, Nr. 13, Sommer 1991, S. 12-21, besonders S. 14 f.

wenn es auch deswegen nicht ohne unfreiwilligen Anlaß sein muß. Es ist dies das „Exil“, das auch Joyce meint: ein „Exil“, das akzeptiert wird und möglicherweise sogar den Keim zu einer Befreiung birgt. Der „vollgültige Migrant“, um den es Rushdie geht (und auf den jene „Seelenlagen“-Beschreibung zutrifft, die Arno Schmidt im Tieck-Essay versucht), ist nicht auf Restauration aus, sondern auf Emanzipation. Rushdie hat die Situation dieses Migranten und seine Weise der Bewältigung folgendermaßen beschrieben:

> Ein vollgültiger Migrant erleidet traditionell einen dreifachen Bruch: Er verliert seine Heimat, gelangt in einen fremden Sprachraum und sieht sich von Menschen umgeben, deren Sozialverhalten und Sozialcodes völlig anders als und manchmal sogar beleidigend für seine eigenen sind. Und das macht die Migranten so ungeheuer wichtig: weil Wurzeln, Sprache und Sozialnormen drei der wichtigsten Bestandteile der Definition dessen sind, was es heißt, ein menschliches Wesen zu sein. Der Migrant, der alle drei verliert, ist gezwungen, neue Möglichkeiten zu suchen, um sich zu definieren, neue Möglichkeiten, ein menschliches Wesen zu sein.[14]

Wenn Salman Rushdie auf das besondere künstlerische Potential des Migranten abzielt, so läßt dies an einen anderen, ebenfalls soziologisch definierten Künstlertypus denken, dem gelegentlich ein besonderes kreatives Potential zugebilligt wird. Der Jazz-Publizist Joachim Ernst Berendt hat diesen Künstlertypus anläßlich des Sinti-Gitarristen Django Reinhardt folgendermaßen definiert:

---

[14] Salman Rushdie, „Günter Grass“, in *Heimatländer der Phantasie. Essays und Kritiken 1981-1991*, üb. v. N.N. (München: Kindler 1992), S. 320-330, hier S. 325.

> Das Phänomen Django Reinhardt ist oft bestaunt worden. Wie war es möglich, daß in dieser unserer europäischen Welt ein solcher Musiker auftauchte? Vielleicht gibt es nur eine soziologische Erklärung dafür – weil sich die Zigeuner auf unserer Seite des Atlantik etwa in der gleichen Situation befinden, in der die Schwarzen in den USA sind. Immer wieder waren es ja ethnische Minderheiten, aus denen große Jazzmusiker hervorgegangen sind – in den USA nächst den Negern Juden und Italiener, und auch im Europa der dreißiger und vierziger Jahre viele Juden.[15]

Nicht nur im Jazz, sondern auch in anderen künstlerischen Ausdrucksformen finden sich unter (nicht nur ethnischen) Minderheiten oftmals erstaunliche Fähigkeiten in hoher Konzentration, wobei es nicht schwerfallen dürfte, dafür zahllose Beispiele aus den verschiedensten Kunstsparten beizubringen: man denke nur an die Leistungen der Juden in der Literatur verschiedener Sprachräume, an den Rang der Iren und Schotten in der Folk-Musik (und den der Iren inzwischen auch in der Rockmusik), außerdem an die Bedeutung, die die Iren seit Jahrhunderten in der englischen (und überhaupt der Welt-) Literatur hatten. Die größten Leistungen der englischsprachigen Lyrik des 20. Jahrhunderts stammen von Dichtern aus Irland (William Butler Yeats, Seamus Heaney u.a.), Schottland (Hugh MacDiarmid), Wales (Dylan Thomas), der Karibik (Derek Walcott) – und Ezra Pound war Exilamerikaner. Das Minderheitenproblem ist dabei oft direkt oder indirekt mit einem Migrationsproblem verknüpft; im Falle der Iren handelt es

---

[15] Joachim Ernst Berendt, *Das Jazzbuch. Von Rag bis Rock* (Frankfurt a.M.: Fischer 1973 / FTb 6246), S. 253 f. – Die heute teilweise etwas unglücklich klingende Wortwahl Berendts halte man dem Alter seines *Jazzbuchs* zugute, dessen erste Ausgabe bereits in den frühen 50er Jahren erschien.

sich gewissermaßen schon um eine Migration im eigenen Land, eine Migration zwischen zwei Kulturen: der englischen Besatzer- und der irischen Volkskultur.

In die lange Liste einschlägiger Namen, die sich alleine für das Feld der Literatur aufstellen ließe, trägt Salman Rushdie nicht nur sich selbst, sondern viele als Verwandte oder Verbündete begriffene Kollegen ein: „Kunderas Prag, Joyces Dublin, Grass' Danzig? Die Exilanten, Flüchtlinge, Migranten haben in diesem Jahrhundert der Wanderschaften zahlreiche Städte in ihrem Gepäck geführt."[16] An anderer Stelle nennt er als seine Ahnen unter anderem die Hugenotten, die Iren und die Juden; Swift, Conrad, Marx, und Tagore.[17] Hier, bei der „weltweiten[n] Gesamtheit vertriebener Schriftsteller"[18] und nicht bei irgendwelchen starren ethnischen Gemeinschaften (Inder, Moslems etc.), sieht Salman Rushdie seine Traditions- und Verbindungslinien.

Es stellt sich die Frage, ob Rushdie in seine lange Ahnenliste auch Arno Schmidt aufnehmen könnte. Immerhin findet sich in Schmidts Oeuvre eine Reihe von Werken, die sich dem Migranten-Topos zumindest annähern. Gehen wir nur einmal die erzählerischen Nachkriegstexte chronologisch durch. Die ersten drei Veröffentlichungen – „Enthymesis", „Leviathan", und „Gadir" – beschreiben drei gescheiterte Fluchtversuche. Im „Alexander" geht es zwar nicht um Flucht, aber doch immerhin um eine Reise, und bei Tieck hatte Schmidt ja doch vom Unterwegssein sogleich auf den „Emigranten=Komplex" geschlossen. In *Brand's Haide* geht's um das Flüchtlingsdasein nach dem zweiten Weltkrieg, und darüber hinaus hebt Schmidt in

---

[16] Rushdie, „Günter Grass", a.a.O., S. 325.

[17] Salman Rushdie, „Heimatländer der Phantasie", in *Heimatländer der Phantasie*, a.a.O., S. 21-35, hier S. 34.

[18] Ebd., S. 28.

diesem Text auf verschiedenste Flüchtlingsformen ab, die er durchaus als markante Parallelfälle einführt; erinnert sei nur an die Hugenottenthematik (behandelt anhand der Flucht von Fouqués Vorfahren) und auch an den Öreland-Traum. In „Schwarze Spiegel“ ist der Erzähler nach eigenem Eingeständnis vom Pedanten zum Vaganten geworden, was auch heißt: vom Seßhaften zum Wurzellosen. Der nächste Text Schmidts, „Die Umsiedler“, trägt den Migrantentopos bereits im Titel, und den nachfolgenden *Faun* kann man zwar schon als Abkehr Schmidts vom Umsiedlerthema auffassen, doch immerhin finden wir hier den wichtigen Topos der Welt- und der Realitätsflucht vor – das Thema Migration wird von der Bewegung in der Welt zu einer Bewegung zwischen verschiedenen Wahrnehmungsweisen von Welt verschoben. Weitere Belege für die Bedeutung unseres Themas finden sich in Schmidts politischer Tagesprosa – erinnert sei nur an „Flüchtlinge, oh Flüchtlinge!“ aus dem Jahre 1957 und die im selben Jahre entstandene Andersch-Rezension „Das=Land=aus=dem=man=flüchtet“. Noch im Gutzkow-Essay der frühen 60er Jahre merkt Schmidt lakonisch an: „zieht ständig um: auch das anscheinend so ein Dichter=Kismet.“[19]

Daß Flucht und Migration nicht nur biographische Zufälligkeiten sind, die ohne Folgen für das künstlerische Schaffen bleiben, wurde bereits angedeutet; stellen wir noch einmal Schmidts Frage aus dem Tieck-Essay nach den „Auswirkungen der [...] Seelenlage des nervös=tapferen Literatur=Emigranten“. Salman Rushdie versucht in einer essayistischen Passage seines Romans *Scham und Schande*, sich einer Antwort anzunähern, indem er die üblicherweise in diesem Zusammenhang verwendete Be-

---

[19] Arno Schmidt, „Der Ritter vom Geist“, in Bargfelder Ausgabe, Bd. II/3 (Zürich: Haffmans 1991), S. 169-200, hier S. 184.

grifflichkeit auf ihre Implikationen hin abklopft und die etablierte Metaphorik durch eine andere ersetzt:

> Auch ich bin mit dieser Immigrantenproblematik ein wenig vertraut. Ich bin Emigrant aus einem Land (Indien) und Neuankömmling in zweien (England, wo ich lebe, und Pakistan, wohin meine Familie gegen meinen Willen gezogen ist). Und ich neige zu der Theorie, daß die Ressentiments, die wir mahajirs hervorrufen, mit unserer Bezwingung der Schwerkraft in Zusammenhang stehen. Wir haben das vollbracht, wovon seit alters alle Menschen träumen, das, worum sie die Vögel beneiden; das heißt: wir sind geflogen.
>
> Ich setze Schwerkraft mit Zugehörigkeit gleich. Beide Phänomene existieren nachweislich: Meine Füße haften am Boden, und nie war ich wütender als an dem Tag, an dem mein Vater mir sagte, daß er das Heim meiner Kindheit in Bombay verkauft hatte. Doch beide sind unerklärt. Wir kennen die Wirkung der Schwerkraft, aber nicht ihren Ursprung; und um zu erklären, warum wir an unserem Geburtsort hängen, geben wir uns als Bäume aus und sprechen von Wurzeln. Schauen Sie unter Ihren Füßen nach. Sie werden keine knorrigen Wurzeln sehen, die aus den Sohlen sprießen. Wurzeln, so denke ich manchmal, sind ein Mythos des Bewahrens, der uns an unserem Platz festhalten soll.
>
> Die der Schwerkraft und der Zugehörigkeit komplementär entgegengesetzten Mythen haben denselben Wortstamm: Flug, Flucht. [...] Fliegen und fliehen: zwei Möglichkeiten, die Freiheit zu suchen...[20]

---

[20] Salman Rushdie, *Scham und Schande*, üb. v. Karin Graf (München: Piper 1985), S. 102 f. – Gerade höre ich im Rundfunk Ausschnitte aus einem Interview mit dem spanischen Romancier Juan Goytisolo (in dem Kulturjournal *Texte und Zeichen*, NDR 3, 3. Dezember

Es fällt schwer, sich hier *nicht* an das Dädalus-Motiv bei James Joyce erinnert zu fühlen, vor allem an das Ende von *Ein Porträt des Künstlers als junger Mann*, wo Stephen Dedalus seinen Aufbruch in die Welt und seinen Auszug aus der Heimat gleichermaßen als Flug und als Flucht auffaßt. Freilich ist das Motiv des Fluges als Flucht auch bei Schmidt virulent, beispielsweise in „Enthymesis", dessen Erzähler sich bekanntlich am Ende in die Lüfte erhebt und spurenlos verschwindet. (Ob gar der Rückgriff auf psychoanalytische Flugtraum-Deutungen sinnvoll sein könnte, um den Migranten-Topos weiter zu erhellen, möge an dieser Stelle mangels Kompetenz vorerst offenbleiben.)

Doch noch einmal zurück zu den „Auswirkungen" des Migrantendaseins. Rushdie begreift dieses Dasein als eine Art produktives Zwittertum: „Migranten mögen durchaus zu Mutanten werden, aber gerade aus dieser Hybridation kann Neues entstehen."[21] Die Erfahrung des Migranten stellt in Zweifel, was zuvor unabänderlich schien, und eröffnet so Möglichkeiten eines vorher gar nicht erahnten Weltzugriffs: „Die *Satanischen Verse* sind, das hoffe ich jedenfalls zutiefst, ein Buch über radikales Andersdenken,

---

1993), worin Goytisolo sagt: „Wir sind keine Bäume, die Wurzeln schlagen; wir können laufen." Dies ist seine Antwort auf Vorwürfe, die er aus Spanien zu hören bekam, weil er nach dem Ende der Franco-Diktator nicht in sein Heimatland zurückkehrte, sondern sein Exil in Paris und Marrakesch beharrlich fortsetzt. Goytisolo ist im übrigen der Meinung, die Blüte der spanischen Kultur sei aus der Mischung jüdischer, arabischer und christlicher Elemente entstanden und habe daher mit der Vertreibung von Arabern und Juden geendet. Sowohl mit dieser Auffassung als auch mit seinem inzwischen freiwilligen Exil wäre Goytisolo ein schönes Beispiel für den Migranten im Rushdieschen Sinne.

21 Salman Rushdie, „John Berger", in *Heimatländer der Phantasie*, a.a.O., S. 247-250, hier S. 249.

über In-Frage-Stellen und Umdenken."[22] Der Künstler, der im Sinne Rushdies von der Erfahrung der Migration geprägt ist, erkennt die Relativität aller vermeintlichen Unverrückbarkeiten; er sieht, daß Dogmen sich nur so lange aufrecht erhalten lassen, wie alternative Erfahrungen und Perspektiven versperrt bleiben, und da er selbst solche Erfahrungen gemacht und neue Perspektiven gewonnen hat, wendet er sich folgerichtig gegen Unduldsamkeiten aller Art. Rushdies Künstler-Migrant ist daher das genaue Gegenbild zu jenem „rauhe[n], keine Ausnahme duldende[n], Unendlichkeitsfimmel"[23], als den Arno Schmidt die Klassik definiert; nach Schmidts Terminologie wäre Rushdies Migrant mithin ein Romantiker.

In einer Stellungnahme zu den Vorgängen um seinen Roman *Die Satanischen Verse* hat Rushdie sein Konzept der fruchtbaren Hybridation, das, wen wundert's, ein Stachel im Fleisch der Puristen ist, auf den Punkt gebracht:

> Jene, die den Roman heute am heftigsten bekämpfen, sind der Meinung, daß ein Vermengen mit anderen Kulturen unweigerlich die eigene Kultur schwächen und ruinieren muß. Ich bin genau der entgegengesetzten Meinung. Die *Satanischen Verse* feiern die Bastardisierung, die durch neue, unerwartete Kombinationen von Menschen, Kulturen, Ideen, politischen Richtungen, Filmen oder Liedern entsteht. Das Buch erfreut sich am Mischen der Rassen und fürchtet den Absolutismus des Reinen. Melange, Mischmasch, ein bißchen von diesem und ein bißchen von jenem, das ist es, wodurch *das Neue in die Welt tritt*. Hierin liegt die große Chance, die sich durch die Massenmigration der Welt bietet, und ich habe versucht, diese Idee in

[22] Salman Rushdie, „In gutem Glauben", ebd., S. 456-481, hier S. 458.
[23] Schmidt, „‹Funfzehn›", a.a.O., S. 298.

> meinem Buch umzusetzen. Die *Satanischen Verse* plädieren für Veränderung durch Fusion, Veränderung durch Vereinigung. Sie sind ein Liebeslied auf unser Bastard-Ich.
>
> Während der ganzen Menschheitsgeschichte haben die Apostel der Reinheit, jene, die behaupten, eine hundertprozentige Erklärung zu haben, Verheerendes unter den verwirrten Menschen angerichtet.[24]

Diese Position Rushdies, sein Eintreten für das Mischen verschiedener Weltzugriffe und -erfahrungen, unterliegt all seinen Büchern; unmißverständlich ausgesprochen wird sie freilich besonders in seinem Roman *Scham und Schande*, der selbst in gattungstypologischer Hinsicht schon Mischung ist: mit rein fiktionalen wechseln essayistische Passagen ab. In einer der letztgenannten geht Rushdie auf *Dantons Tod* und den darin herrschenden idealtypischen Dualismus ein, der freilich beim Büchner-Leser kein simples Schwarzweiß-Schema erzeugen könne:

> Wir sind Robeston und Danpierre. Die Widersprüchlichkeit ist nicht von Bedeutung; ich selbst vermag ohne die geringsten Schwierigkeiten, eine große Anzahl völlig unvereinbarer Ansichten gleichzeitig zu verfechten. Ich glaube nicht, daß andere weniger vielseitig sind.[25]

Auch die Grundkonstellation des Romans ist ein Dualismus, und zwar einer, der zu Mord und Totschlag führt: Salman Rushdie entwirft die Dynastien der Herrscher-

---

[24] Rushdie, „In gutem Glauben", a.a.O., S. 457 f.

[25] Rushdie, *Scham und Schande*, a.a.O., S. 285. – Man entsinne sich, daß auch Schmidt keine Schwierigkeiten hatte, entgegengesetzte Meinungen zu vertreten, was bei einigen Lesern oft genug zu Verwirrung geführt hat – und auch bei Bekannten Schmidts, etwa bei Wilhelm Michels.

geschlechter Hyder und Shakil, hinter denen der in der pakistanischen Geschichte auch nur einigermaßen bewanderte Leser schnell die realweltlichen Herrschaftsgeschlechter Bhutto und ul-Hag ausmachen wird (Rushdie hat keine Scheu, politische Köpfe und Abläufe auf wenig zimperliche Weise in die Mythologien seiner Fiktion einzubetten); wichtiger für unseren Zusammenhang ist aber der ebenso unschwer auszumachende Hinweis auf Robert Louis Stevensons Dualismus von Dr. Jekyll und Mr. Hyde, die bekanntlich, wiewohl einander diametral entgegengesetzt, in Wahrheit eine Person sind.

Ein schönes Beispiel für sowohl formale als auch inhaltliche Mutation und Hybridation durch Vermengung von unterschiedlichen Hintergründen findet sich am Anfang der *Satanischen Verse*. Der zweite Absatz des Romans beginnt mit den Worten: „‚I tell you, you must die, I tell you, I tell you', und dergleichen mehr unter einem Mond von Alabaster“[26]. Der hier englischsprachige Passus ist natürlich ein Zitat, und zwar aus einem Rocksong der Gruppe The Doors; freilich stammt das Lied ursprünglich von Bert Brecht: es handelt sich um den „Alabama-Song“. Der Brechtsche „Moon of Alabama“ ist bei Rushdie mutiert ebenfalls noch erhalten, nämlich im „Mond von Alabaster“. Wenn das Ganze nun eine Melange aus Literatur und Rockmusik ist, so ist dies die Rockgruppe The Doors als solche allerdings auch schon, denn der Gruppenname geht zurück auf zwei literarische Zitate: zum einen auf William Blakes Zeile „There are things that are known and there are things that are unknown; in between there are doors“, zum anderen auf Aldous Huxleys Rauschmittelstudie *The Doors of Perception* (*Die Pforten der Wahrnehmung*). Nun verweisen aber natürlich auch diese beiden Quellen für den Gruppennamen bereits auf

[26] Rushdie, *Die Satanischen Verse*, a.a.O., S. 13.

Weltmischungen hin: das Blake-Zitat spricht von unterschiedlichen Welten und deren Verbindung miteinander; Huxleys Rauschmittelbuch gilt dem Versuch, die Grenzen von Bewußtseins- und Weltzuständen zu überschreiten. Das Überschreiten von Grenzen ist Migration; aber auch die Zitate, die von einem Ur- in einen Zieltext getragen und von diesem wieder an einen weiteren Kontext abgegeben werden, vollführen eine Bewegung, die man als Wanderungs-, als Migrationsbewegung auffassen könnte, und dies natürlich besonders dann, wenn die Zitate auf ihrem Wege verändert werden.[27]

Man mag sich fragen, was denn dieses Migrations- und Mischungskonzept mit dem, was man gemeinhin Romantik nennt, zu tun habe. Damit, daß die Antwort nicht leichtfällt, läßt sich die von mir ins Auge gefaßte Verknüpfung von Arno Schmidts Romantik-Definition und Salman Rushdies Migrationskonzept nicht unbedingt schon als abwegig abtun, zumal auch Schmidt von der „völlig irreführend mit dem Namen ‹Romantik› belegten, Seelenlage & Geisteshaltung“[28] spricht. Schmidt mißtraut dem Begriff „Romantik“, und Schmidt mißtraut ebenso der klaren Abgrenzbarkeit dessen, was „Romantik“ sei. Eben deshalb führt er als Vergleichsfolien unter anderem die Expressionisten an und unterlegt seine Tieck-Darstellung zudem, wie ich an anderer Stelle zu zeigen versucht habe[29], mit einer Joyce-Folie, wobei Joyce dem eigenen Selbstverständnis nach eher ein Klassizist war. Schmidt ebenso wie mir geht es nicht darum, die Romantik im engeren, im vor allem epochentypologischen Sinne fest ein- und alles andere auszugrenzen; vielmehr geht es

---

[27] Für den Hinweis auf den Zitatismus als Migrationsverfahren danke ich Axel Dunker.

[28] Schmidt, „‹Funfzehn›“, a.a.O., S. 301.

[29] Vgl. hierzu meinen Aufsatz „Tiecks Transparenz“, a.a.O., passim.

darum, einen epochenübergreifenden Bewußtseins- und Schreibtypus zu entwickeln, der gerade keine starren Grenzziehungen im Sinn hat. Um der Beliebigkeit nicht vollends Tür und Tor zu öffnen, möchte ich aber dennoch versuchen, Aspekte von Rushdies Konzept in der „Romantik" im engeren Sinne wiederzufinden. Dazu sei zu allererst verwiesen auf Friedrich Schlegels bekanntes 116. *Athenaeum*-Fragment:

> Die romantische Poesie ist eine progressive Universalpoesie. Ihre Bestimmung ist nicht bloß, alle getrennte Gattungen der Poesie wieder zu vereinigen, und die Poesie mit der Philosophie und Rhetorik in Berührung zu setzen. Sie will und soll auch Poesie und Prosa, Genialität und Kritik, Kunstprosa und Naturpoesie bald mischen, bald verschmelzen [...].[30]

Wie man sieht, definiert Friedrich Schlegel die Romantik hier unter eben jenem Gesichtspunkt des Mischens, der auch Salman Rushdie so wichtig ist; im Sinne Rushdies wäre allerdings eine kleine Präzisierung vonnöten: wenn es ihm auch um das Vermischen geht, so doch gerade nicht um das (restlose) Verschmelzen; daß das eine nicht notwendigerweise auch gleich das andere heißen muß, wird noch zu zeigen sein.

Auch August Wilhelm Schlegel definiert die Romantik in seinen *Vorlesungen über dramatische Kunst und Literatur* anhand ihrer Bereitschaft zum Mischen, einer Bereitschaft, die er bei den Klassizisten vermißt:

> Die antike Kunst und Poesie geht auf strenge Sonderung des Ungleichartigen, die romantische gefällt sich in unauflöslichen Mischungen; alle Entgegengesetzten,

---

[30] Friedrich Schlegel, „Fragment aus dem *Athenäum*", in *Charakteristiken und Kritiken* (München: Schöningh o.J.), S. 182 f., hier S. 182.

> Natur und Kunst, Poesie und Prosa, Ernst und Scherz, Erinnerung und Ahnung, Geistigkeit und Sinnlichkeit, das Irdische und Göttliche, Leben und Tod, verschmilzt sie auf das innigste miteinander.[31]

Wie wir bemerken, will auch August Wilhelm Schlegel vom Mischen gleich aufs Verschmelzen kommen; freilich läßt sich dies als Denkschritt leichter formulieren, als es sich in der literarischen Praxis vollziehen läßt, und so sei zumindest der Verdacht geäußert, daß an diesem Punkt die Schlegelsche Theorie der Romantik an der Realität romantischer Schreibweisen vorbeigeht.

Wenn von Mischung auf *allen* Ebenen die Rede ist, so schließt dies durchaus auch die Ebene der nationalen Identitäten ein; die Grenzen fallen oder werden doch zumindest durchlässig: dies ist der Schritt von der Nationalpoesie zur „progressiven Universalpoesie" Friedrich Schlegels bzw. von der Nationalliteratur zur Weltliteratur. Dieser Begriff, der zunächst vornehmlich im Zusammenhang mit Goethe auftaucht und angeblich auch von diesem erfunden wurde, trifft im Grunde viel eher das Selbstverständnis der Romantiker (die freilich zum Teil große Goethe-Verehrer waren und deshalb auch ihr Bestes taten, den neuen Begriff als Charakterisierung Goethes zu etablieren). Weltliteratur meint eben nicht einfach die Summe von, sondern die Mischung aus verschiedenen Nationalliteraturen. Einer solchen Mischung förderlich ist nicht zuletzt das literarische Übersetzertum, so daß die Übersetzungsfreudigkeit insbesondere der Frühromantik nur folgerichtig ist. Die Romantiker haben der deutschen Leserschaft wichtige Werke der Weltliteratur erst zugänglich gemacht; erinnert sei nur an die Shakespeare-

---

[31] August Wilhelm Schlegel, *Vorlesungen über dramatische Kunst und Literatur*, II. Teil (Stuttgart: Kohlhammer o.J.), S. 111.

Übersetzung von Schlegel / Tieck und auch an Tiecks deutschen Cervantes.

Von immenser Bedeutung ist das Übersetzen auch für Salman Rushdie, der in einem seiner Essays die allgemein gehegte Meinung anzweifelt, „daß bei der Übersetzung immer etwas verlorengeht", und statt dessen die Auffassung verficht, „daß genauso etwas gewonnen werden kann."[32] Diese These ist Rushdie so wichtig, daß er sie in seinem Roman *Scham und Schande* noch einmal wiederholt[33]; im Kontext überträgt er den Begriff des Übersetzens zudem auf den Sachverhalt der Migration: Rushdie faßt die Migration als eine Trans-Lation, eine Über-Setzung auf. Der Autor, der ein Migrant ist, ‚übersetzt' sich in einen anderen kulturellen Kontext; jener Autor andererseits, der übersetzt wird, wandert in einen anderen Sprachraum aus. Ebenfalls als ein Über-Setzen von einem Kontext in einen anderen, einen fremden, kann das literarische Zitat verstanden werden, so daß auch die ausgeprägte Neigung zum Zitatismus bei Autoren wie Rushdie, Joyce und natürlich Schmidt in das Konzept paßt, um das es hier geht. Der Zitatismus als Mischung des Neuen mit (und aus) Altem ist eine Weise, sich aus der Isolation zu befreien und sich das zuvor Fremde anzueignen.

Nun paßt sich zweifelsohne nicht die gesamte literarische Romantik, wenn wir diesen Begriff auf herkömmliche, vor allem epochentypologisch definierte Weise eingrenzen, dem hier umrissenen Konzept ohne Widerstände ein. Zu unterscheiden ist vor allem zwischen der Jenaer

---

32 Rushdie, „Heimatländer der Phantasie", a.a.O., S. 31.

33 Vgl. Rushdie, *Scham und Schande*, a.a.O., S. 35: „Im allgemeinen nimmt man an, bei der Übersetzung gehe etwas verloren; ich klammere mich an die Vorstellung [...], daß auch etwas gewonnen werden kann."

Frühromantik mit den Gebrüdern Schlegel, Novalis, Tieck und Wackenroder als wichtigsten Vertretern auf der einen und der Heidelberger Hochromantik um Brentano, Görres, die Arnims und die Gebrüdern Grimm auf der anderen Seite. Wo sich die Frühromantik unter dem Schlegelschen Signum der „progressiven Universalpoesie“ der Weltliteratur zuwendet, beschäftigen sich die Heidelberger ganz im Gegenteil mit der sogenannten „Volksliteratur“. Der Extremfall dieser Beschäftigung ist die Märchensammelei, wie sie bekanntlich vor allem von den Gebrüdern Grimm betrieben wird. Die Märchensammler und -liebhaber scheinen mit einem Konzept der Mischung und der Bastardisierung, wie es von Salman Rushdie verfochten wird, auf den ersten Blick ganz und gar nicht vereinbar, doch ganz so klar liegt auch dieser Fall nicht.

Die Märchenforschung der vergangenen Jahrzehnte hat gerade im Fall der Grimmschen Kinder- und Hausmärchen die Mär von der reinen und unverfälschten deutschen Volkspoesie arg erschüttert. Es hat sich, wie der Volkskundler Jürgen Volkmann in einer einschlägigen Schrift darlegt, inzwischen gezeigt,

> [...] daß die ursprünglich nur mündlich überlieferten Erzählungen bei der schriftlichen Fixierung durch die Grimms einen ausgeprägten dichterischen Umgestaltungsprozeß erfuhren, der den Stil völlig veränderte, aber auch mehr oder weniger stark in den Inhalt eingriff.[34]

Hinzu kommt, daß schon die Quellen, aus denen die Grimms schöpften, dem deutschen Reinheitsgebot durch-

---

[34] Jürgen Volkmann, „Märchen als Politikum – Auf der Suche nach der Nationalpoesie“, in Angela Koch (Hg.), *Rotkäppchen und der böse Wolf. Vom Erzählstoff zum Vorlesebuch* (Marburg: Jonas 1985), S. 27-33, hier S. 27.

aus nicht entsprachen: bei den hauptsächlichen Gewährsleuten der Märchensammler, etwa der berühmten Viehmännin, handelte es sich um Hugenotten, so daß sich in den Grimmschen (und manchen anderen) Märchen deutsche und französische Wurzeln aufs schönste vermischt haben. In der von Achim von Arnim und Clemens Brentano kompilierten zweiten großen Märchensammlung dieser Schule, *Des Knaben Wunderhorn*, liegen die Dinge nicht anders: auch darin finden sich zuhauf freie Überarbeitungen und sogar neuerdichtete Kunstmärchen.

Trotz alldem ist jedoch eine strikte Unterscheidung vonnöten zwischen zwei Romantiktypen: der folkloristischen Romantik, die eine Romantik des Festhaltens ist, und einer Romantik des Loslassens, die auch eine Romantik des Sich-Loslassens ist. Im Unterschied zur folkloristischen Romantik sei dieser zweite Typus deshalb versuchsweise als expressionistische Romantik bezeichnet; es ist dies der Typus, auf den sich Schmidts Aufmerksamkeit (zumindest in seinem Tieck-Essay) in erster Linie richtet, und natürlich ist dies auch der Typus, der am ehesten mit Salman Rushdies Migrantenkonzept in Zusammenhang zu bringen ist. Rushdie hält nichts von folkloristischer Tümelei, und zwar nicht nur nicht von jener der verharmlosenden Art, sondern auch nicht von der oft mit emanzipatorischem Gestus verfochtenen ‚authentischen‘ Ethno-Kunst: „‚Authentizität‘ ist das legale Kind der altmodischen Exotik.“[35] Die Authentizität ist – zu recht – der Traum des Ethnologen, doch für den Künstler bleibt sie ein Trauma, da Authentizität sich um Bewahrung (des Gegebenen) bemüht, während der Künstler etwas schaffen will, was so zuvor noch nicht vorhanden war. Nicht die erstarrte äußere Wahrheit des Erfaßten

---

[35] Salman Rushdie, „Es gibt keine ‚Commonwealth-Literatur‘“, in *Heimatländer der Phantasie*, a.a.O., S. 81-92, hier S. 88.

ist die Meßlatte für die Kunst, sondern die flüchtige innere Wahrhaftigkeit des Erschaffenen.

Wer sich mit ethnologischem Blick einer fremden Kultur nähert, kommt um eine Realitätsmischung selbstredend auch nicht herum, da er ja seine eigene, ganz andersartige kulturelle Prägung mit sich herumträgt; dies gilt für den Mitteleuropäer, der eine pazifische oder keltische Volkskultur untersucht, ebenso wie für Angehörige des Bürgertums à la Grimm, die sich in den hessischen Bauersdörfern vor ihrer Haustür auf die Lauer legen. Ein reiner, unverfälschter Blick wäre daher, wenn er von außen kommen soll, notgedrungen eine Fiktion. Was die Anhänger der Authentizität von denen der Vermischung durch Migration unterscheidet, ist daher nicht die Ausschaltung jeder Form von Realitätsmischung, sondern vielmehr der Unterschied in der Qualität, die dieser Mischung beikommt. Zu unterscheiden sind zwei Grundprinzipien der Realitätsmischung. Im einen Fall kommt der Blick von außen her: jemand begibt sich in eine fremde Kultur hinein, und zwar unter dem Gesichtspunkt der (vermeintlichen) Bewahrung. Dieser Standpunkt, der hier als das Grimm-Prinzip bezeichnet sei, impliziert ein Finden; es werden Fundgruben ausgehoben und die Funde museal präpariert. Im anderen Fall kommt der Blick von innen und richtet sich nach außen: es geht um ein Herauswachsen aus der eigenen Kultur unter dem Gesichtspunkt der Anreicherung. Dieser Standpunkt, der dem Rushdie-Prinzip entspricht, impliziert eine Suche, die – im Falle des Migranten – natürlich von einer Versehrung herrührt, von einem Verlust, der als solcher auch anerkannt wird und nicht durch die Rekonstruktion des Verlorenen geleugnet, sondern durch die Verarbeitung des Verlustes fruchtbar gemacht werden soll. (Dabei soll nicht bestritten werden, daß die Unterscheidung gelegentlich diffiziler ist, als es den Anschein haben mag; wer auf eine alte Kultur zurückgreift, kann dies auch mithilfe des Rushdie-Prinzips tun. Ein Beispiel wäre der irische Dramatiker John Millington Synge, bei dessen vermeintlich folkloristischem Blick auf eine „alte“ (und ihm fremde) gälische Kultur es in Wahrheit um den Versuch geht, der irischen Literatur Anschluß an die europäische Moderne zu verschaffen.)

Wenn sich das Rushdie-Prinzip gegen Reinheit und gegen die Puristen wendet, so ist dies nicht nur kulturell zu verstehen, sondern dieser Haltung eignet ganz allgemein ein antidoktrinärer, antidiktatorischer Charakter. Die Reinheit ist die Domäne der Unterdrücker, bemerkt Rushdie: „Diktatoren sind immer – oder zumindest in der Öffentlichkeit mit Rücksicht auf das Volk – puristisch.“[36] Die (ja auch von Schmidt verfochtene) grundsätzliche Oppositionshaltung romantischer Kunst gegenüber der politischen Macht (bei gleichzeitiger Verbündung dieser Macht mit dem Klassizismus), die daraus logisch zu folgern wäre, ist aus der Literaturgeschichte denn auch in der Tat wohlbekannt, und zwar international. Was die englische Literatur betrifft, so unterscheidet Paul Spencer Wood in einem 1928 geschriebenen Aufsatz die „romantic movement“, „which seeks expansion and individual liberty“, von der „classical movement“, „which seeks repression and social discipline“; erstere „is sure to be in conflict with authority – political, religious, as well as literary. It is denounced and exposed“; letztere hingegen „is likely to receive early and favorable recognition from those in authority.“[37] Diese Beobachtung trifft sich voll

---

[36] Rushdie, *Scham und Schande*, a.a.O., S. 204.

[37] Paul Spencer Wood, „The Opposition to Neo-classicism in England between 1660 and 1700“, in Bernfried Nugel (Hg.), *Englische Literaturtheorie von Sidney bis Johnson* (Darmstadt: Wissenschaftliche Buchgesellschaft 1984), S. 27-43, hier S. 27.

und ganz mit den einschlägigen polemischen Auslassungen Schmidts in seinem Tieck-Essay und – wenn wir Salman Rushdie ungefragt den Romantikern zurechnen – auch mit dessen Konzept einer Literatur der Migration. Der puristische Klassizismus setzt und hält die Dogmen; er begreift sich als literarische „authority“ und ist als solche mit der politischen Autorität im Bunde. Bei den Romantikern hingegen schließt sich der Bund aus politischer und ästhetischer Auflehnung, wie – für die englischen Romantiker – Wood ebenfalls festhält: „Another anti-classical tendency of the last part of the seventeenth century was the protest against the strict rules of Aristotelian formalism.“[38] (Bemerkenswert in dem hier angespielten Zusammenhang ist, daß James Joyce, den ich Schmidt und Rushdie ohne Abstriche an die Seite stellen möchte, die aristotelischen Dogmen verfocht, weswegen denn auch die *Reiter ans Meer* des erwähnten Dramatikers John Millington Synge bei ihm zunächst durchfielen; diese starre Position findet sich allerdings in recht frühen Aufsätzen von Joyce formuliert, und seine spätere Prosapraxis läßt sich damit nur sehr bedingt vereinbaren – ganz zu schweigen davon, daß Joyce in seinen Zürcher Jahren eben jene *Reiter ans Meer* von Synge auf die Bühne brachte.)

Künstlerische Autoritätshörigkeit ist Ausdruck einer Geisteshaltung, die eine grundsätzliche ist und daher leicht auch eine politische Autoritätshörigkeit oder zumindest politischen Dogmatismus nährt. Im Umkehrschluß kann es strenggenommen hingegen eigentlich keine romantischen Politiker (jedenfalls keine romantischen Realpolitiker) geben. Salman Rushdie zumindest ist dieser Auffassung: „Schriftsteller und Politiker sind natürliche Feind. [...] Und der Roman ist eine Möglichkeit, der offi-

---

[38] Ebd., S. 35.

ziellen Version der Wahrheit, der Version der Politiker, zu widersprechen.“[39] Die Neigung des Schriftstellers zum Widerspruch, die eigentlich schlichtweg eine Notwendigkeit ist (und für die sich der Politiker rächt, indem er von Nestbeschmutzung, von Ratten und von Schmeißfliegen spricht), kann freilich von den Autoritäten nach dem Tod des Schriftstellers ignoriert werden, was von Arno Schmidt häufig genug beklagt wurde, beispielsweise kurz vor dem Ende der „Umsiedler“:

> o meine Sprachgenossen! Der Schriftsteller: wenn dann das arme Luder, Franktireur des Geistes, tot ist, hundert Jahre später, möchten sie ihn am liebsten mit Germanistennägeln wieder aus dem Boden scharren. Und beanspruchen ihn dann noch frech als »Deutschen Dichter«, als volkseigenen: der würde Euch ganz schön anspucken, meine verehrten Sprachgenossen![40]

Angesichts des Titels „Die Umsiedler“ (der bei Rushdie selbstredend „Die Migranten“ lauten müßte) ist es wahrlich kein Zufall, daß hier von „Sprachgenossen“ und von ‚Volkseigentum‘ die Rede ist: der ganze Text zeigt ja gerade, wie groß die (auch sprachlichen) Schwierigkeiten unter den „Sprachgenossen“ sein können, und er zeigt auch, wie hinfällig jedwedes Eigentum ist. Die „Umsiedler“ sind (auch in der Dynamik der Textorganisation Schmidts) ein Einspruch gegen die Illusion von Verläßlichkeiten und statischen Ordnungen. Das wird pointiert ausgesprochen am Ende der Erzählung: dieses Ende beharrt auf Vorläufigkeit; wie’s weitergeht (nicht nur im äußeren, sondern auch im inneren Kosmos der Protagonisten), wird bewußt offengehalten.

---

[39] Rushdie, „Heimatländer der Phantasie“, a.a.O., S. 27.

[40] Arno Schmidt, „Die Umsiedler“, in Bargfelder Ausgabe, Bd. I/1 (Zürich: Haffmans 1987), S. 261-297, hier S. 296 f.

Ein solches Offenhalten, eine Offenheit allen Erfahrungen gegenüber ist nach Auffassung von Salman Rushdie eine notwendige Folge des Migrantendaseins:

> Von all den idealen Gegensatzpaaren, mit deren Hilfe die Menschen sich selbst zu verstehen suchen, ist das älteste und am tiefsten verwurzelte wohl das der ewig widerstreitenden Mythen von Stase und Metamorphose. Die Stase, der Traum von der Ewigkeit, von einer festen Ordnung der menschlichen Dinge, ist der bevorzugte Mythos der Tyrannen; die Metamorphose, das Wissen, daß *keinem seine Gestalt bleibt*, ist die treibende Kraft der Kunst.[41]

Rushdie ficht wider die „schreckliche Syntax ethnischer Reinheit“[42], wider die reine Lehre jeder Gestalt, heiße sie nun Rassismus, Purismus, folkloristische Authentizität oder künstlerische Bewegungslosigkeit. Fundamentalistische Stasis jeglicher Couleur ist ihm zuwider – nicht nur die islamische, sondern auch die hinduistische und die eurozentristische –, und er setzt ihr die Metamorphose entgegen. Die Migrationsthematik wird verlängert in den Bereich des Ästhetischen hinein, wo sie das Ziel des radikalen Infragestellens, Umformens, Neuschaffens durch Grenzüberschreitung anvisiert.

Theoretisch in den Blick genommen werden die Umsiedler-Perspektive und ihre Problematik von Rushdie in den Essays des Bandes *Heimatländer der Phantasie*; die weitestreichende künstlerische Auseinandersetzung hingegen findet sich in dem Roman *Die Satanischen Verse*. Über diesen Roman hat Rushdie selbst festgestellt:

---

[41] Salman Rushdie, „Christoph Ransmayr“, in *Heimatländer der Phantasie*, a.a.O., S. 341-344, hier S. 341.

[42] Salman Rushdie, „Siegfried Lenz“, ebd., S. 334-336, hier S. 334.

> Wenn *Die Satanischen Verse* überhaupt etwas sind, dann eine Betrachtung der Welt aus der Perspektive des Migranten. Sie entstanden aus eben der Erfahrung von Entwurzelung, von Trennung und Metamorphose (langsam oder schnell, schmerzlich oder freudig), die allen Migranten gemeinsam ist, und aus der, davon bin ich überzeugt, eine Metapher für die gesamte Menschheit abgeleitet werden kann.[43]

Nehmen wir also die Migration einmal als Metapher: sie bezeichnet dann einen Verlust, der als Ansporn zu einer Suche verstanden wird; die Dialektik von Heimat und Fremde, die für den Migranten daseinsbestimmend ist, läßt ihn aufgeschlossen sein für andere Welten in jeder Ausprägung. Der Verlust als uranfängliche Versehrung wird zwar als ein schmerzlicher empfunden, und dieser Schmerz ist im eigentlichen Sinne auch nicht zu stillen; dennoch hat der Migrant begriffen und notgedrungen auch akzeptiert, daß der Verlust eben ein endgültiger ist und das Ziel der Suche keineswegs darin bestehen kann, den Urzustand wieder herzustellen, sondern statt dessen darin, sich eine neue und tendenziell utopische Heimat zu verschaffen. Dies ist es, was Salman Rushdie mit dem Begriff der „imaginary homelands“ faßt:

> Mag sein, daß Schriftsteller in meiner Lage, Exilanten, Emigranten oder Verbannte, von diesem selben Gefühl des Verlustes verfolgt werden: von dem Verlangen, zurückzublicken, selbst wenn man Gefahr läuft, in eine Salzsäule verwandelt zu werden. Aber wenn wir dennoch zurückblicken, müssen wir es in dem – tiefe Unsicherheit auslösenden – Bewußtsein tun, daß unsere physische Entfremdung von Indien fast zwangsläufig bedeutet, daß es uns nicht gelingen wird, haargenau

---

[43] Rushdie, „In gutem Glauben“, a.a.O., S. 457.

> das zurückzugewinnen, was wir verloren haben; daß wir, kurz gesagt, Fiktionen erschaffen, nicht tatsächliche Städte oder Dörfer, sondern unsichtbare, imaginäre Heimatländer, ein jeder sein persönliches Indien der Phantasie.[44]

Das Imaginäre dieses Heimatbegriffes rührt natürlich schon allein vom imaginären Anteil an jeder Erinnerungsleistung her; dieser imaginäre Anteil nimmt aber noch weiter zu im Falle jener Erinnerung, deren Relikte verloren und nicht mehr vor Augen sind. Es wäre gewiß nicht verkehrt, dabei auch an Marcel Proust zu denken, den Rushdie in seinen Essays mehrmals als einen seiner literarischen Fixpunkte nennt, auch wenn er die Verwandtschaft im einzelnen leider nicht ausführt. Nach Proust muß man, um sich an etwas erinnern zu können, dieses Etwas zuvor erst einmal vergessen, d.h. aus dem Bewußtsein verloren haben. Wenn die Bedeutung der Erinnerung auch für die Imaginationsleistung der Texte Arno Schmidts kaum hoch genug veranschlagt werden kann, so ist darin durchaus das selbe Muster zu erkennen. Schmidt kann das Feld seiner Jugend ja bekanntlich erst nach 1945 erschließen, also zu einem Zeitpunkt, da er im umfassenden Sinne heimatlos ist – was auch heißt, daß er sich imaginativ eine neue Heimat zu schaffen sucht.

Beim utopischen Heimatbegriff, zu dem wir über das Prinzip der imaginativen Neuschaffung gelangen, liegt der Gedanke an das entsprechende Konzept Ernst Blochs mehr als nahe. Es sei eingestanden, daß mir dabei ein klein wenig unbehaglich ist, erinnere ich mich doch nur zu gut, daß Blochs Heimat-Umschreibung vor nicht allzu langer Zeit von erzkonservativen Politikern für ihren Wahlkampf mißbraucht wurde. Da es sich dabei freilich

---

[44] Rushdie, „Heimatländer der Phantasie“, a.a.O., S. 22.

tatsächlich um Mißbrauch handelt, für den Bloch keineswegs haftbar zu machen ist, stelle ich meine Bedenken aber zurück. Bloch findet im Schlußsatz des *Prinzips Hoffnung* für die Heimat folgende Metapher:

> Hat er [der arbeitende, schaffende, umbildende Mensch] sich erfaßt und das Seine ohne Entäußerung und Entfremdung in realer Demokratie begründet, so entsteht in der Welt etwas, das allen in die Kindheit scheint und worin noch niemand war: Heimat.[45]

Der utopische Charakter einer Heimat, „worin noch niemand war", kommt auch noch in einem zweiten Zitat Blochs zum Ausdruck:

> Bodenständigkeit ist unmittelbar sehr bald Stickluft, wo nicht blasphemische Brutstätte von durchaus Teuflischem, doch mittelbar, stellvertretend, nimmt sie, mit der Schwere ihres Flugs, am Besten teil, das es noch nicht gibt, nämlich an wirklicher Heimat.[46]

Bemerkenswert ist, daß Bloch hier mit der Wendung von der „Schwere des Flugs" auf eben jene Metapher kommt, die sich in Rushdies Konnex von Flug und Flucht wiederfindet. Der Migrant überwindet die Schwerkraft, wenn auch nicht ohne Mühe, weswegen sein Flug sich nicht in ungehemmter Leichtigkeit vollziehen kann. Aber auch die von Bloch angesprochene Mittelbarkeit und der Stellvertretercharakter lassen sich an Rushdies offenes Heimatkonzept anschließen: die sogenannte Heimat wird im Anderen gesucht und nicht als Abweisung des Anderen definiert. Diese Suche hat Folgen, und zwar – wie

---

45 Ernst Bloch, *Das Prinzip Hoffnung* (Frankfurt a.M.: Suhrkamp 1959), S. 1628.

46 Ernst Bloch, zitiert nach Hans Mayer, „Ernst Bloch und die Heimat", in *Reden über Ernst Bloch* (Frankfurt a.M.: Suhrkamp 1989), S. 9-19, hier S. 11.

Rushdie zeigt – nicht nur politische und soziologische, sondern auch kulturelle und insbesondere künstlerische:

> Eine Folge der Massenmigrationen war die Entstehung eines völlig neuen Menschentyps: Menschen, die ihre Wurzeln in Ideen haben statt in Orten, in Erinnerungen ebensosehr wie in materiellen Dingen; [...]. Der Migrant hegt Argwohn gegen die Wirklichkeit: Nachdem er mehrere Möglichkeiten des Seins erfahren hat, begreift er, wie illusorisch sie alle sind. Um die Dinge klar zu erkennen, muß man eine Grenze überschreiten.[47]

Die sogenannten Realitäten werden also als Illusionen erkannt; die Kunst zieht daraus ihre Schlüsse, indem sie nach (prinzipiell nun mindestens gleichwertigen) Gegenwelten sucht. Damit kommen wir auf ein metaphorisches Konzept, wie es Salman Rushdie, der die Migration als etwas ganz Konkretes kennengelernt hat, in seiner Apotheose des Migrantentums immer auch im Sinn hat. Diese Migration im weiteren Sinne meint jedwede Vermengung verschiedener Welten: also auch etwa die Wanderschaft zwischen Traum und Realität, zwischen Physis und Phantasie. Daß diese Migration im weiteren, im metaphorischen Sinne eine Folge konkreter Verluste in der sogenannten Realwelt ist, hat schon Schmidt in seinem Tieck-Essay festgestellt: „was bleibt dem Geistvollen Besitzlosen, der, nichts in der Tasche als seine Hand, vor invasionierenden Horden flüchtet? [...] Das *‹Gedankenspiel›* – das betrifft den Stoff. Und das *‹Sprachspiel›*: die Form.“[48]

Es sei nochmals wiederholt: hier wird nach dem Neuen gesucht, weil etwas verloren wurde; wer nichts verloren

---

[47] Salman Rushdie, „Wo liegt Brazil?“, in *Heimatländer der Phantasie*, a.a.O., S. 144-153, hier S. 151 f.

[48] Schmidt, „‹Funfzehn›“, a.a.O., S. 323.

hat, hat auch nichts zu suchen. Dieser Verlust ist eine Beschädigung, die mit Schmerzen verbunden ist und sich nicht reparieren läßt. Die Lage des Migranten ist die Lage dessen, der weiß, daß das Paradies verloren ist. Der Migrant als Künstler sucht diese Erkenntnis und das Bedauern, das darin liegt, künstlerisch zu verarbeiten. Bei Schmidt heißt das Paradies „Unendlichkeit": Schmidts Erzähler wissen, aber bedauern zugleich, daß sie die Unendlichkeit nicht zurückholen können.

Die äußerste überhaupt mögliche Flüchtlingshandlung ist die sogenannte – und in der Regel abfällig bewertete – Weltflucht. Ihre Funktionen sind zweierlei: einmal die einer Negation von Welt, zum anderen aber auch die eines Aufbruchs in neue Welten. Die Negation ist eine Haltung der umfassenden und absoluten Kritik – einer Kritik nicht nur an einem, sondern an allen real existierenden Systemen. Bei Arno Schmidt mündet diese Fundamentalkritik bekanntlich ist das Bild vom bösen Weltgott, dem Leviathan. Diese Kritik ist aber, so umfassend sie auch ausfällt, keineswegs rein destruktiv; durch den zweiten, den Aufbruchsaspekt kommt ein quasi emanzipatorischer Gestus der Weltflucht hinzu: wenn auch alle real existierenden Systeme in mehr oder minder hohem Grade abgelehnt werden, so bleibt doch die Utopie einer prinzipiell möglichen, einer besseren, einer Gegen-Welt bestehen. Der Weltflüchtling schafft sich dort eine Zuflucht, die ihm das Überleben gestattet. Im Zusammenhang mit Schmidts Anachronismus hat Wolfgang Martynkewicz argumentiert, Schmidts begreife Literatur als „eine Form des Entkommens, die keine Wahrheit bezeugen, sondern imaginäre Asyle schaffen soll."[49]

---

[49] Wolfgang Martynkewicz, *Arno Schmidt mit Selbstzeugnissen und Bilddokumenten* (Reinbek: Rowohlt 1992 / rm 484), S. 36.

„Was mich betrifft“, so stellt Salman Rushdie fest, „auch ich bin, wie alle Migranten, ein Träumer. Ich erschaffe imaginäre Länder und versuche sie den vorhandenen aufzudrängen.“[50] Der Migrant, der Wanderer, ist gleichzeitig ein Verwandler von Realitäten, und der etymologische Zusammenhang zwischen Wanderung und Wandlung ist vielleicht nicht weniger aufschlußreich als der zwischen Flug und Flucht. Unbeabsichtigt, wenn auch nicht ohne Aufschluß hat James Joyce diesen etymologischen Zusammenhang benannt, als er seinem Bruder Stanislaus in einem aus Kriegsgründen in deutscher Sprache verfaßten Brief von 1915 den Inhalt seines in Arbeit befindlichen Romans mit „Ulysses Wandlungen“[51] angab: selbstverständlich wandelt sich Odysseus auf seinen Wanderungen, und selbstverständlich hat Joyce den Homerischen Odysseus noch wieder etlichen Verwandlungen unterzogen.

Die fiktionale Welt ist die verwandelte Welt schlechthin. In seinem Roman *Scham und Schande* stellt Salman Rushdie fest:

> Das Land dieser Geschichte ist nicht Pakistan, oder nicht ganz. Es gibt zwei Länder, ein reales und ein fiktives, die beide denselben Raum einnehmen, oder beinahe denselben Raum. Meine Geschichte, mein fiktives Land befinden sich, genau wie ich, in einem etwas schiefen Winkel zur Realität.[52]

Arno Schmidts Begriff für die Arbeit mit (und in) diesem schiefen Winkel ist – zumindest im Spätwerk – der des

---

[50] Rushdie, *Scham und Schande*, a.a.O., S. 102 f.

[51] James Joyce, *Briefe I*, hg. v. Richard Ellmann, üb. v. Kurt Heinrich Hansen (Frankfurt a.M.: Suhrkamp 1969), S. 574: Brief an Stanislaus Joyce vom 16. Juni 1915.

[52] *Rushdie, Scham* und Schande, a.a.O., S. 34.

„phantastischen Realismus“. Gregor Strick definiert in seinem Buch über Schmidt und Freud den phantastischen Realismus als einen Realismus, der auch das Nicht-Reale („Phantastisches, Traumartiges, Utopisches, Mythisches“) zur Darstellung bringe, weil auch dieses Anteil an der Gestaltung der Realitätswahrnehmung habe, und fährt fort:

> Phantastischer Realismus ist ein Realismus, in dem eine bewußte Dialektik von Ästhetischem und Realweltlichem wirkt, ein antithetisches Wechselspiel von phantastischer ›Andersartigkeit‹ und realistischer Konformität. Kunst soll nicht auf Eskapismus und ästhetischen Selbstzweck, auf L'art pour l'art hinauslaufen, sondern auf Konfrontation. Das treibende Moment der Dialektik von Phantastik und Realistik in Schmidts phantastischem Realismus ist die wesenhafte Subversivität der Phantasie, die schöpferisch-imaginative „Auflehnung gegn die RealitätsZwänge“.[53]

Der Begriff der „Konfrontation“, den Strick hier verwendet, zeigt an, um was für eine Art Mischung es sich hier notgedrungen handelt: es ist eine Mischung von Welten nicht im Sinne einer Verschmelzung, sondern eine Mischung unter Bewahrung der Bruchstellen. Die Verluste haben Spuren hinterlassen, eben jene Beschädigungen und Versehrungen, von denen bereits gesprochen wurde; diesen Beschädigungen kann der phantastische Realist eine utopische Gegenwelt entgegenstellen, doch aus der Welt schaffen lassen sie sich nicht. Das Individuum ist in Abhängigkeiten verstrickt. In diesem Sinne ist auch Arno

---

[53] Gregor Strick, *„An den Grenzen der Sprache“. Poetik, poetische Praxis und Psychoanalyse in „Zettels Traum“. Zu Arno Schmidts Freud-Rezeption* (München: edition text + kritik 1993), S. 25; das Zitat am Ende stammt aus Arno Schmidt, *Zettel's Traum* (Stuttgart: Goverts Krüger Stahlberg 1970), S. 807 lm.

Schmidt nicht einfach die (autarke) Insel; Schmidt ist vielmehr der Traum von der verlorenen Insel. Der Migrant, der Schmidt auch in diesem Sinne ist, ist seiner Insel beraubt: sein Aufenthaltsort lautet, französisch gesprochen, nicht *île*, sondern *ex-île*.

Daß etwas geschehen ist, was den Inseltraum (oder den Unendlichkeitstraum) und die Erfahrung vom Verlust desselben unter schmerzhaften Brüchen miteinander mengt, gesteht auch der Erzähler der „Schwarzen Spiegel" in seiner Robinsonade zu, wenn er erklärt, es habe ihn „das Leben aus einem Pedanten zum Vaganten gemacht; nicht ohne daß sichs manchmal noch wunderlich genug mischt."[54] Was genau es war, das diese Wandlung auslöste, spricht nicht er selbst aus, sondern seine zeitweilige Gefährtin Lisa: „Entwurzelt durch 3 Kriege, ach –"[55]. Immerhin, die Wurzeln, die gekappt sind, sind gleichzeitig auch Fesseln. Für Salman Rushdie scheinen die Migranten „die einzige menschliche Spezies zu sein, die frei ist von den Fesseln des Nationalismus (ganz zu schweigen von seiner häßlichen Schwester, dem Patriotismus.)"[56] Daß dies ein kaum genug zu rühmender Vorzug ist, weiß auch Arno Schmidt; und er weiß sich im Tieck-Essay mit anderen, gleichgesinnten Köpfen zu verbrüdern: „*Er* [Tieck] sagte vielmehr, mit dem großen Ben Jonson: ‚Patriotismus?: Ist die letzte Ausrede von Schuften!'"[57] Sinnigerweise handelt es sich bei diesem Zitat auch formal um ein anti-patriotisches, nämlich ein ‚bastardisiertes' Zitat: der Urheber ist in Wahrheit nicht Ben Jonson, sondern Samuel Johnson, und zudem hat Schmidt das Zitat von Stanislaus Joyce über-

---

[54] Arno Schmidt, „Schwarze Spiegel", in Bargfelder Ausgabe, Bd. I/1 (Zürich: Haffmans 1987), S. 199-260, hier S. 208.
[55] Ebd., S. 260.
[56] Rushdie, „Wo liegt Brazil?", a.a.O., S. 151.
[57] Schmidt, „‹Funfzehn›", a.a.O., S. 329.

nommen, der es (in seinem Buch *Meines Bruders Hüter*[58]) auf seinen Bruder James Joyce münzt. Doch an einem solchen weit gewanderten Satz wird niemand Alleinbesitz beanspruchen, und zu einer *ZEIT*, da selbst ein sogenannt liberales Wochenblatt nichts dabei findet, den Nutzen des Patriotismus in seinen Spalten debattieren zu lassen, kann man Johnsons schönen Satz nicht oft genug wiederholen; also nochmals: „Patriotismus?: Ist die letzte Ausrede von Schuften!"

Dieser Satz gilt aber nun nicht nur für den sogenannten Heimat-, sondern auch für jeden real gefundenen Zufluchts-Staat. Salman Rushdie bemerkt: „Wohin ich mich auch wende, immer gibt es etwas, für das man sich schämen muß."[59] Der Migrant in Rushdies Sinne wehrt sich dagegen, einem System oder einer Gruppe auf Gedeih und Verderb ausgeliefert zu sein, und er tut gut daran, solches Mißtrauen *jedem* System, *jeder* Gruppe gegenüber zu hegen. Die Grundopposition Rushdies ist nicht die zwischen Herkunfts- und Zielland, sondern die zwischen Migration und Kommunalismus; der Migrant wird üblicherweise von *jedem* Kommunalismus, der Verfechter der Hybridation von den Verfechtern *jeder* reinen Lehre behelligt. So ist denn auch die hinlänglich bekannte Reaktion des Ayatollah Khomeini auf die *Satanischen Verse* (das „Todesurteil" mit der Begründung, es handele sich um eine Beleidigung des Islam) nur graduell, aber nicht prinzipiell verschieden von der Reaktion, die das Buch von Margaret Thatcher (es sei „beleidigend") und vom Erzbischof von Canterbury (es handele sich um eine „empörende Verleumdung" des Propheten Mohammed) erfuhr. Der Ausweg aus dem Dilemma der Vereinnah-

---

[58] Vgl. Stanislaus Joyce, *Meines Bruders Hüter*, üb. v. Arno Schmidt (Frankfurt a.M.: Suhrkamp 1960), S. 266.

[59] Rushdie, *Scham und Schande*, a.a.O., S. 33.

mung durch Kommunalismen liegt deshalb noch keineswegs in dem, was Rushdie „eine der erfreulichsten Freiheiten des literarischen Migranten“ nennt: „die Möglichkeit, seine Eltern zu wählen.“[60] Reale Stiefeltern sind manchmal angenehmer als, aber doch keine wahre Alternative zu den leiblichen Eltern. Gewählt werden vom Migranten daher dann doch allenfalls irreale, utopische Eltern beziehungsweise, realistisch besehen, das Vollwaisentum.

Migration heißt immer Mitnahme des Eigenen bei gleichzeitiger Aneignung des Neuen: „Ganz gleich, wie entschlossen man ein Land flieht, etwas Handgepäck muß man mitnehmen“[61] Nur: dieses Handgepäck kann nicht mehr sein als ein Keim, und das gilt ganz besonders für den Migranten als Künstler. Große Kunst ist niemals ohne Rest auf etwas rückführbar; der Migrant zeigt zwar an, woher er kommt, aber er täuscht nicht darüber hinweg, daß er unterwegs ist ganz *woanders* hin. (Das hat auch Folgen für die Frage nach literarischen Einflüssen, die sich als so etwas wie die künstlerische Herkunft auffassen lassen.) Der Leitgedanke des Migranten ist ja gerade nicht der Wille zur Bewahrung des Eigenen (bzw. des Ererbten) und des Alten, sondern vielmehr der Wille zur Aneignung des Fremden und Neuen. Wenn nun, mit Günter Eich zu sprechen, die Schriftstellerexistenz „nicht nur ein Beruf [ist], sondern die Entscheidung, die Welt als Sprache zu sehen“[62], dann geht es bei dieser Aneignungstätigkeit des Schriftstellers vor allem um die Aneignung fremder beziehungsweise neuer Sprachen. Jeder Migrant muß in eine

---

[60] Rushdie, „Heimatländer der Phantasie“, a.a.O., S. 35.

[61] Rushdie, *Scham und Schande*, a.a.O., S. 46.

[62] Vgl. Günter Eich, „Der Schriftsteller vor der Realität“, in Susanne Müller-Hanpft (Hg.), *Über Günter Eich* (Frankfurt a.M.: Suhrkamp 1970 / es 402), S. 19 f., hier S. 19.

neue Sprache wechseln; in besonderer Weise muß er dies aber als Schriftsteller tun. Das gilt sogar für den Migranten im eigenen Land, wie ich oben die Iren zur Zeit der englischen Besatzung genannt habe. In *Ein Porträt des Künstlers als junger Mann* reflektiert der irische Katholik Stephen Dedalus seine Sprachprobleme mit dem englischen Studiendekan:

> Die Sprache in der wir sprechen [das Englisch des Studiendekans] ist seine, ehe sie die meine ist. Wie verschieden sind die Wörter *home*, *Christ*, *ale*, *master* auf seinen Lippen und auf meinen! Ich kann diese Wörter nicht sagen oder schreiben ohne Unrast im Geist. Seine Sprache, so vertraut und so fremdländisch, wird für mich immer eine angelernte Sprache sein. Ich habe ihre Wörter nicht gemacht und nicht akzeptiert. Meine Stimme hält sie auf Distanz. Meine Seele zerfrißt sich im Schatten seiner Sprache.[63]

Ganz ähnliche Schwierigkeiten hat natürlich der vom indischen Subkontinent stammende Moslem mit jener Sprache, in der er sich literarisch ausdrückt – es ist wiederum die englische. Salman Rushdie spricht von „dieser eigenartigen Sprache, die durch falsche Begriffe und den angehäuften Schutt der ungesühnten Vergangenheit ihrer Eigentümer vergiftet ist, diesem Angrezi, in dem ich schreiben muß, so daß ich ewig verändere, was geschrieben ist..."[64] Gerade dieses Verändern aber, die Bastardisierung durch den Migranten, ist es, die eine neue Sprache, eine neue Wirklichkeit schafft.

Es gibt solche ‚neuen Sprachen', solche neu angeeigneten Sprechweisen auch bei Arno Schmidt. Zu denken ist zunächst ganz konkret an Schmidts sprachliche Zwitter-

---

[63] Joyce, *Ein Porträt des Künstlers als junger Mann*, a.a.O., S. 213.
[64] Rushdie, *Scham und Schande*, a.a.O., S. 46.

situation als Kind schlesischer Migranten in Hamburg: Schmidt hört zuhause den schlesischen Dialekt, der ihm ein Greuel ist; auf der Straße und in der Schule hingegen müht er sich, sich das Plattdeutsche anzueignen, das seine Altersgenossen sprechen. Diese Aneignung des Plattdeutschen erfolgt sogar gegen den erklärten Elternwiderstand: Schmidt erlebt seinen ersten Kampf mit dem Kulturpurismus der Bewahrer. – Eine Aneignung einer fremden Sprache ist auch die des ‚romantischen Sprechens' in den sogenannten Juvenilia: Schmidt macht sich eine (vor allem sprachlich umrissene) Welt zu eigen, die einen Alternativentwurf zur umgebenden Lebenswirklichkeit darstellt – wobei Schmidt in diesem Falle allerdings selbst noch einem Authentizitätsglauben anzuhängen scheint, der die Brüche aus seiner heilen Welt verbannt, statt sie anzuerkennen und fruchtbar zu machen. – Einen Sprachwechsel erfordert auch das Ausweichen vor jener deutschen Sprache, die als Hitler-Sprache von der Barbarei in Dienst genommen wurde und als Kultur-, als Literatursprache nicht mehr taugen will. Schmidt reagiert hierauf, indem er sich – nach dem Krieg – nun wirklich einen Sprachgestus aneignet, der Elemente all der zuvor probierten Sprachen übernimmt, aber in eine neue Mischung bringt und gerade aus den Bruchstellen, die zwischen den Bestandteilen dieser keineswegs verschmelzenden Mischung klaffen, genuin eigene Intensitäten und Qualitäten hervorholt. – Schließlich mag man auch eine Sprachaneignung darin sehen, wenn Schmidt sich unter dem Einfluß von Freud der ‚Sprache des Unbewußten' zu bemächtigen versucht.

Die hier gemeinte Art des Aneignens, des Zu-eigen-Machens von Welt zieht die *Suche* nach der Utopie (die immer in der Zukunft liegt) dem *Beharren* auf der Illusion und ihrer Gegenwart vor. Aus dem Wesen der Utopie folgt freilich auch die Vergeblichkeit des Unterfangens. Salman Rushdie stellt fest:

> Die Suche nach dem Gral über den Gral selbst zu stellen, die Tatsache zu akzeptieren, daß sich alles, was fest ist, definitiv in Luft aufgelöst hat, daß Realität und Moralität nicht gegeben, sondern unvollkommene menschliche Konstrukte sind, ist der Punkt, an dem die [nicht Utopie, sondern:] Fiktion beginnt [...]. Aufgabe der Literatur ist es, von diesem Punkt auszugehen und dennoch eine Möglichkeit zur Erfüllung unserer unveränderten geistigen Bedürfnisse zu finden.[65]

Wo man den Begriff der Utopie erwartet hätte, benutzt Rushdie statt dessen den der Fiktion – in der Fiktion, im literarischen Werk läßt sich die Utopie (vielleicht) noch verwirklichen, freilich nur zu dem Preis, sich den Dogmen der sogenannten Sachzwänge der Realität zu entziehen. Die utopische Insel Felsenburg ist eben nicht mit dem realen Tristan da Cunha identisch, es nimmt höchstens den gleichen Raum ein; ihr wahrer Ort ist da, wo Arno Schmidt ihn im Schnabel-Brief der *Wundertüte* angibt: als Postleitzahl setzt er in die Adresse das Unendlichkeitszeichen ein.

In einem seiner polemischen tagespolitischen Artikel spricht Arno Schmidt einmal von der „Binsenweisheit [...], daß es bei einem guten Dichter völlig gleich sei, ob er Karl Marx oder die Jungfrau Maria besingt“[66]. Das klingt logisch, ist aber am Ende wohl doch nicht ganz korrekt: der Schriftsteller im hier gemeinten Sinne (ob wir ihn nun den Schriftsteller der Romantik oder den der Mi-

---

[65] Salman Rushdie, „Ist gar nichts heilig?“, in *Heimatländer der Phantasie*, a.a.O., S. 482-498, hier S. 490 f.

[66] Arno Schmidt, „Die Wüste Deutschland“, in Bargfelder Ausgabe, Bd. III/3 (Zürich: Haffmans 1995), S. 447-450, hier S. 447.

gration oder den des phantastischen Realismus nennen mögen, bleibe zunächst dahingestellt) wird als Antidogmatiker weder christliche noch marxistische Dogmen besingen können. Der Bastard Schmidt und der Bastard Rushdie werden deshalb von den Dogmatikern *aller* Seiten kritisiert.

Die Literatur, die hier gemeint ist, ist im höchsten Maße unrein. Auch Arno Schmidts Selbstbehauptung von der „reinen" Literatur wäre – nicht im Konzept, sondern in der Begrifflichkeit – zu modifizieren: gemeint ist nämlich eher eine sich der Parteiname entziehende, eine nichtinstrumentalisierte, also eine „offene" Literatur, die als solche ästhetisch gerade nicht „rein" ist. Schmidt mag ein Puritaner sein, ein Purist ist er nicht.

Fassen wir einige zentrale Wesenheiten der hier gemeinten und verfochtenen Literatur zusammen:

- Diese Literatur stellt Fragen, statt Antworten zu geben.
- Sie zieht in Zweifel, statt Gewißheit zu geben; dazu gehört auch, daß der Gestus des Künstlers von Selbstzweifeln statt von Selbstgewißheit bestimmt wird.
- Diese Literatur ist auf Unruhe statt auf Beschwichtigung aus.
- Sie verficht die Utopie statt der Illusion.
- Sie ist Kunst und nicht Religion (wobei politische Bekenntnisse und realexistierende Illusionen jedweder Art durchaus mitgemeint sind).

Wenn wir aus diesen Punkten die Summe ziehen: haben wir dann die Romantik gegen die Klassik definiert?

Zumindest sind wir der romantischen Haltung auf den Fersen, und zwar nicht unbedingt nur nach Maßgabe jener Romantikdefinition, die Arno Schmidt im Tieck-Essay gibt. Die romantische Haltung, wie sie hier gemeint ist, zieht den Partikularismus der Totalität vor. Der Schriftsteller, geprägt von einem Moment des Verlustes und der Beschädigung, arbeitet aus seinen persönlichen Insuffizienzen heraus statt aus der totalitären Haltung einer abgeklärten und glatten Souveränität: ein solcher nichtsouveräner Schriftsteller ist Arno Schmidt; ein solcher wäre aber gerade nicht der von den Herren Henkel und Schollenheber an seiner statt offenbar gewünschte Schmelzofen von Wissen, der alle Fäden ständig in der Hand behält und deswegen auch nie die Grenzen dessen überschreitet, was ihm an Wissenssynthese, an Weltanschauung und an katalogisierten Formen schon vorab zur selbstgerechten Verfügung stand.

Die Vermengung, von der die Rede war, ist grundsätzlich auf zweierlei Weise vorstellbar. Im einen Falle werden die Brüche nach Möglichkeit zugekleistert, und es wird ein sogenanntes gerundetes neues Ganzes geformt; dieses wäre die klassische Haltung. Im anderen Falle bleiben die Brüche als solche sichtbar, und die sich ergebenden Inkonsistenzen werden ästhetisch fruchtbar gemacht; eine solche Haltung ist die romantische. Salman Rushdie („alle Macht dem Unterschied!“[67]) nimmt diese zweite Haltung ein, wenn er wider die reinen Lehren streitet und statt des Wegbügelns gerade die Betonung der Widerständigkeiten anstrebt.

Die Grenzüberschreitung des Romantikers und des Migranten ist also keine rein weltanschauliche oder rein inhaltliche Kategorie, sondern äußert sich konsequenterweise auch ästhetisch-formal. Der Schriftsteller und Literaturwissenschaftler Felix Philipp Ingold trifft genau diesen Konnex, wenn er in einem Atemzug „Grenzüberschreitung, Dehierarchisierung und synkretistische Hybridisierung“

---

[67] Salman Rushdie, „Das Attentat auf Indira Gandhi“, in *Heimatländer der Phantasie*, a.a.O., S. 57-63, hier S. 61.

als ästhetische Grundforderungen benennt, denen ganz bestimmte ästhetische Anschauungen und Errungenschaften, wie sie vor allem von der Moderne in den Blick genommen wurden, entsprächen. Ingold führt in diesem Zusammenhang einen Katalog einschlägiger Schlagworte auf:

> der „große Bruch“ (Majakowskij), die Fragmentierung und Neumontage des Sprachmaterials, der Rückgriff auf das „Wort als solches“, auf den „Buchstaben als solchen“ (Krutschonych), die Kanonisierung von Dissonanz und Diskontinuität, das Prinzip der Verfremdung, der Primat des „Verfahrens“ vor dem „Stoff“.[68]

Die Bastardisierung, von der Salman Rushdie spricht, läßt sich auch in gattungstypologischer Hinsicht definieren – die Bastard-Gattung in der Literatur ist diejenige, der Arno Schmidt stets wortreich den Vorrang vor allen anderen zubilligte: der Roman nämlich, also sinnigerweise jene Gattung, die der Romantik ihren Namen lieferte. Daß dem Roman ein bastardisiertes, unreines Wesen eignet, ist eine Auffassung, die sich wie ein roter Faden durch die gesamte Romantheorie zieht. Enthalten

---

[68] Felix Philipp Ingold, *Autorschaft und Management. Eine poetologische Skizze* (Graz: Droschl 1993), S. 7 f. – Es sei ausdrücklich darauf hingewiesen, daß Ingolds Essay trotz solch trefflicher Einzelbeobachtungen zur Ästhetik der Moderne im ganzen doch zumindest problematisch, wenn nicht gar grober Unfug ist; Ingold geht es darum, den Autor zu desavouieren und auf eine bloße „Funktion“ zu reduzieren, die wie ein anonymer und ohnmächtiger Textgenerator produziere, wozu Ingold ausgerechnet auch noch den allmächtigen Joyce als Eideshelfer aufführt. Vgl. dazu die kritischen Anmerkungen in meiner Rezension „Der Schriftsteller – ein Manager im Unternehmen Sprache?“, in *Basler Zeitung* Nr. 233, 6. Oktober 1993, Beilage „Neue Bücher“, S. 8; Nachdruck in Friedhelm Rathjen, *Das war's. Strandfunde am Meer des Lesens. Rezensionen zur deutschsprachigen Literatur 1984-2007* (Scheeßel: Edition ReJoyce 2009), S. 90-93.

ist sie auch in der Definition der drei basalen künstlerischen Formen, die James Joyce in *Ein Porträt des Künstlers als junger Mann* von Stephen Dedalus verfechten läßt. Unterschieden werden dort:

> die lyrische Form, die Form, in der der Künstler sein Bild in unmittelbarer Beziehung zu sich selbst darstellt; die epische Form, die Form, in der er sein Bild in mittelbarer Beziehung zu sich selbst und zu anderen darstellt; die dramatische Form, die Form, in der er sein Bild in unmittelbarer Beziehung zu anderen darstellt.[69]

Verwiesen wird also sowohl auf das Mittelbare des Epischen als auch auf den Mischcharakter, der ihm zukommt. Diesen Mischcharakter hat schon Henry Fielding unterstrichen, der den Roman bekanntlich als „comic epic Poem in Prose“ definierte.

Dieses Zwitterhafte der Romangattung als ganzer spiegelt sich in der ästhetischen Struktur ihrer bedeutendsten Beispiele. Die Geschichte des großen Romans schlechthin ist die Geschichte eines gebrochenen, ambivalenten Verhältnisses zum Formwillen; formale und inhaltliche Brüche und Inkonsistenzen und Bastardisierungen, ein ständiges Spannungsverhältnis zwischen Universalisierung und Fragmentarisierung kennzeichnen die Entwicklung vom *Don Quijote* und dem *Tristram Shandy* über *Moby-Dick* und den *Ulysses* bis hin zum *Abend mit Goldrand* und den *Satanischen Versen*. Nun waren zumindest die Autoren der hier genannten Gattungsbeispiele auch allesamt Migranten im engeren oder zumindest weiteren Sinne: Cervantes verbrachte beispielsweise Jahre in algerischer Gefangenschaft; Laurence Sterne war herkunftsmäßig ein Zwitter mit sowohl irischem als auch englischem Hinter-

---

[69] Joyce, *Ein Porträt des Künstlers als junger Mann*, a.a.O., S. 241.

grund, von dem geistigen Zwittertum aus klerikalen wie antiklerikalen Neigungen ganz zu schweigen; Melvilles langjährige Reiseerfahrungen schlossen auch Desertion und Zivilisationsflucht ein; Joyce war ebenso ein freiwilliger Exilant wie Rushdie.

Das Zwitter- und Migrantentum Schmidts ließe sich (trotz einer geographisch gewiß vergleichsweise geringen Bewegung) ebenfalls an den äußeren Stationen seiner Biographie zwischen Hamburg, Schlesien und Bargfeld nachzeichnen, äußert sich aber ganz fundamental in einer anderen Art von Bindungsverlust: in Schmidts Heimatlosigkeit im Spannungsfeld aus Tradition und Avantgardismus nämlich. Von der Tradition her kommend, wanderte Schmidt gleichsam aus in ein Neuland, das er aber konsequent nach den Maßstäben seiner verlorenen Wurzeln beackerte. Diese fast kontradiktorische Rückbindung eines in Anspruch und Tat avancierten literarischen Schaffens an antiquierte Formen und Vorlieben, von denen Schmidt (nach 1945 jedenfalls) weiß, daß sie sich nicht mehr replizieren lassen, die er aber doch nie abschütteln kann, ist ihm nicht selten auch vorgehalten worden, beispielsweise in der bekannten Polemik Oswald Wieners, für den Schmidt eben deshalb ein unechter, ein vermeintlicher Neuerer war:

> mehr und mehr nimmt Schmidt den platz in der öffentlichen meinung ein, der einer echten experimentellen literatur gebührte oder der ihr wenigstens offenzuhalten wäre, da sie derzeit nicht stark genug ist ihn zu erobern.[70]

Wenn Wiener hier ganz richtig erkennt, daß die echte, die von keinem halbunterdrückten Heimweh traktierte experi-

---

[70] Oswald Wiener, *Wir möchten auch vom Arno-Schmidt-Jahr profitieren* (München: Matthes & Seitz 1979), S. 31.

mentelle Literatur im Vergleich zu Schmidt „nicht stark genug“ sei, so liegt genau dies womöglich in der Natur der Sache. Wer nicht den dädalischen Flug wagen und dabei Kopf und Kragen riskieren muß, um die lastende Schwerkraft zu überwinden, sondern von vornherein im luftleeren Raum grenzenloser Verfügbarkeiten agiert, der reicht womöglich in der Intensität seines Schaffens auch nie ganz an die Intensitäten leidvollen und mühseligen Überwindens heran. Der gebrochenen Radikalität, wie sie Arno Schmidt verkörpert, können Qualitäten eignen, die einer selbstgewissen Radikalität ohne schlechtes Gewissen gar nicht erreichbar sind. Eben deshalb bietet das Werk Arno Schmidts eine ästhetische Intensität, die demjenigen Oswald Wieners überlegen ist, obwohl Wiener zugegebenermaßen rücksichtsloser ist. Das läßt sich an anderen Beispielen erhärten (wobei die notwendigerweise subjektive Qualität solch pauschalisierenden Urteilens gar nicht geleugnet werden soll): James Joyce scheint mit seinem Schaffen Intensitäten erreicht zu haben, die denen der Texte Gertrude Steins überlegen sind, obwohl Gertrude Stein nicht unbedingt Unrecht hatte, wenn sie sich im Vergleich mit dem „irischen Heimatdichter“ avancierter vorkam; ebenso erarbeitete sich – um in einen ganz anderen künstlerischen Bereich zu blicken – der Jazz-Saxophonist John Coltrane eine Intensität des Atonalen, die diejenige seines Kollegen Ornette Coleman übertraf, obwohl doch Coleman schon von vornherein da zu sein schien, wohin Coltrane sich erst mühsam einen Weg suchte – bei Coltrane wird die Atonalität schwer und schmerzlich erkämpft; bei Coleman wird sie einfach vorausgesetzt. (Beim Wettlauf zwischen dem Hasen und dem Igel mögen Igelmann und -frau formal Recht behalten, doch die wirklichen Erfahrungen macht – zu den bekannt hohen Kosten – der Hase.)

Erst das Gegen-Traditionen-Anarbeiten, auch das Sich-Abarbeiten daran, verleiht jene Substanz, jene Tiefe, jene Intensität, die sich den von Oberflächlichkeiten bedrohten Traditionsignoranten und -verleugnern entzieht. Der auf solche Weise verstrickte, nichtsouveräne Künstler entgeht den beiden Gefahren, denen jene Künstler oftmals erliegen, die über voll durchgerechnete avantgardistische Theorien verfügen: der Gefahr der Sterilität und der der völligen Ausrechenbarkeit der Literatur.

Ausrechnen läßt sich am ehesten jene Literatur, die schon vorab von ihren Urhebern ausberechnet wurde. Bei Schmidt liegen die Dinge ganz anders, auch wenn er mit seinen „Berechnungen“, mit seinem Gerede von Versuchsreihen und Prosamodellen lange Zeit den Anschein erwecken konnte, sein Werk sei die wohlkalkulierte Anwendung theoretischer Erkenntnisse. Das ist es, anders als beispielsweise das Romanwerk Umberto Ecos, ganz und gar nicht. Arno Schmidt ist von der Literaturtheorie wie auch von der Avanciertheit seines nichtliterarischen Kunstgeschmacks her ganz und gar nicht auf der Höhe seiner Zeit, sondern bleibt ganz anderen Räumen verhaftet, denen seine Sehnsucht gilt – von denen er, darin ganz Migrant im Sinne Rushdies, aber weiß, daß sie sich nicht wieder herstellen lassen. Aus der Spannung zwischen diesen ungestillten Sehnsüchten und dem Wissen um deren verlorene Ursprünge entsteht erst die oft widerspruchsvolle Kraft des Schmidtschen Werks.

Bei Rushdie und auch bei Joyce ist das nicht viel anders. James Joyce hat in reiferen Jahren ganz auf theoretische Bekundungen verzichtet; was seinen Kunstgeschmack angeht, bevorzugte er zudem – darin Schmidt nicht unähnlich – in Malerei, Musik und teilweise sogar der Literatur oftmals hanebüchen vorgestrige Sentimentalitäten. Der in ganz neue Räume weisenden Kraft seines eigenen Schaffens hat das nicht nur nicht geschadet, sondern sogar ganz entschieden nachgeholfen. Und auch Salman Rushdie schreibt in seinen Essays praktisch nur über Schriftsteller der konventionelleren und zahmeren Art und lobt Leute wie Peter Schneider, Graham Greene, Siegfried Lenz, die hinter seinem eigenen schriftstellerischen Vermögen weit zurückbleiben; zudem diskutiert er fremde wie eigene Texte primär unter inhaltlichen Gesichtspunkten, die an das Eigentliche seines Schaffens höchstens indirekt rühren.[71]

Wenn Arno Schmidt so etwas wie ein Modernist mit schlechtem Gewissen ist, so finden wir hierin den „künstlerischen Ausdruck" jener „Überzeugung von der Instabilität der Welt, wie des Einzellebens" vor, die Schmidt den Romantikern attestiert hat und die bei ihm selbst durch Verluste und Versehrungen auf mehreren Ebenen geprägt war. Diese außerordentlich schmerzhaften Verluste und Versehrungen sind es, die den Migranten im engeren wie auch im weiteren Sinne hervorbringen. Arno Schmidt ist einer von ihnen. Er kann nicht anders: er wird zum Modernisten wider Willen, und dies ganz in dem Sinne, in dem Salman Rushdie wider seinen Willen das Elternhaus in Bombay hat verlassen müssen.

für Wolfgang Martynkewicz

---

[71] Dies hat übrigens nicht nur zur Folge, daß sich die ästhetische Sprengkraft, die den Romanen Salman Rushdies zueigen ist, mit seinen eigenen theoretischen Konzepten allenfalls zu einem stark eingeschränkten Grade erklären läßt, sondern naturgemäß auch, daß von der Qualität der Romane wenig weiß, wer nur die von mir im vorstehenden verwendeten essayistischen Zitate kennt.

Nachweise

„Die Weite der Prärie“ wurde folgendem Band entnommen: Friedhelm Rathjen, *Immerfort mitlebend. Arno Schmidt und die deutsche Literatur des 20. Jahrhunderts* (Südwesthörn: Edition ReJoyce 2011). Erstdruck in Hartmut Fischer (Hg.), *Winnetou lebt!...? & Amerika liegt am Dümmer. Amerika in deutscher Literatur* (Northeim: Gymnasium Corvinianum 2009).

„Sprechen Sie deutsch?“ wurde folgendem Band entnommen: Friedhelm Rathjen, *Traumzettel. Verstreutes zu Arno Schmidt* (Südwesthörn: Edition ReJoyce 2011). Erstdruck in Sabine Kyora / Uwe Schwagmeier (Hg.), *Pocahontas revisited. Kulturwissenschaftliche Ansichten eines Motivkomplexes* (Bielefeld: Aisthesis 2005).

„Astreiner Entdeckerschinken“ wurde folgendem Band entnommen: Friedhelm Rathjen, *Textarbeit, Textvergnügen. Einzeltextstudien zu Arno Schmidt* (Scheeßel: ReJoyce 2008). Erstdruck in *konkret*, Heft 2 (Februar 2007); für den Wiederabdruck in *Textarbeit, Textvergnügen* um die Fußnoten ergänzt.

„Umziehn: Von Findelkindern der Wurzellosigkeit“ wurde folgendem Band entnommen: Friedhelm Rathjen, *Bargfeld Transfer. Studien zu Arno Schmidt als Übersetzer und Transformator* (Scheeßel: Edition ReJoyce 2010). Geschrieben für Wolfgang Martynkewicz als Beitrag zur Jahrestagung der Gesellschaft der Arno-Schmidt-Leser 1993 in Weimar; Erstdruck in Rolf Lettner-Zimsäckerl (Hg.), *Zettelkasten 13. Aufsätze und Arbeiten zum Werk Arno Schmidts. Jahrbuch der Gesellschaft der Arno-Schmidt-Leser 1994* (Frankfurt a.M. / Wiesenbach: Bangert & Metzler 1994).